परमेश्वर की योजना का प्रकटीकरण

परमेश्वर की योजना का प्रकटीकरण

सरल हिन्दी में बाईबल की निन्यानवे प्रिय कहानियाँ

रेने मिरिडिथ द्वारा चित्रण

ANEKO PRESS

परमेश्वर की योजना का प्रकटीकरण
Copyright © 2019
First edition published 2019
All rights reserved. No part of this book may be reproduced, stored in a retrieval system, or transmitted in any form or by any means – electronic, mechanical, photocopying, recording, or otherwise, without written permission from the publisher.
Illustrator: Reneé Meredith

Published by:
Aneko Press
www.anekopress.com
Aneko Press, Life Sentence Publishing, and our logos are trademarks of
Life Sentence Publishing, Inc.
203 E. Birch Street
P.O. Box 652
Abbotsford, WI 54405
JUVENILE NONFICTION / Religion / Bible Stories / General
Paperback ISBN: 978-1-62245-643-7
eBook ISBN: 978-1-62245-644-4

10 9 8 7 6 5 4 3 2 1
Available where books are sold

सूचीपत्र
पुराना नियम

1. सृष्टि की कहानी 1
2. आदम और हव्वा 3
3. पहला पाप 4
4. कैन और हाबिल की कहानी 6
5. नूह और जल प्रलय 7
6. बाबेल की मीनार 9
7. अब्राम और लूत 11
8. अब्राहम, सारा और मेहमान 12
9. अब्राहम का परखा जाना 14
10. सदोम और अमोरा 15
11. याकूब और एसाव 17
12. याकूब का सपना 19
13. यूसुफ की कहानी 20
14. यूसुफ मिस्र देश का अधिकारी बना 22
15. बालक मूसा की कहानी 24
16. मूसा और जलती हुई झाड़ी 25
17. मूसा की फिरौन से मुलाकात 27
18. दस विपत्तियाँ 28
19. लाल सागर को पार करना 30
20. दस आज्ञाएं 31
21. सोने का बछड़ा 33
22. बारह भेद लेने वाले 34
23. बिलाम की गदही 36
24. राहाब 37
25. यरीहो 39
26. वायदे के देश पर जय 40
27. अय्यूब की कहानी 42
28. न्यायियों 43
29. रुत और नाओमी 45
30. राजा शाऊल 47
31. दाऊद और गोलियत 48
32. दाऊद का राजा बनना 50
33. दाऊद का पाप 52
34. भजन संहिता 23 53
35. राजा सुलैमान की बुद्धि 55
36. राजा सुलैमान ने मंदिर बनवाया 56
37. इस्राएल राज्य का बंटवारा 57
38. एलिय्याह और विधवा 59
39. एलिय्याह की प्रार्थना 60
40. एलिय्याह का स्वर्ग में उठाया जाना 62
41. नामान की चंगाई 63
42. योना और बड़ी मछली 65
43. राजा हिजकिय्याह 67
44. यरूशलेम का घेराव 68
45. शद्रक, मेशक और अबेदनगो 70
46. नबूकदनेस्सर का सपना 71
47. शेरों की मांद में दानिय्येल 73
48. रानी एस्तेर की कहानी 74
49. यरुशलेम में वापसी और दूसरा मंदिर 76

सूचीपत्र
नया नियम

1. यीशु का जन्म 79
2. चरवाहों को स्वर्गदूतों का संदेश 80
3. तीन ज्योतिषी 82
4. बालक यीशु मंदिर में 83
5. यीशु का बपतिस्मा 84
6. यीशु की परीक्षा 86
7. यीशु ने अपने चेले चुने 87
8. काना में विवाह 89
9. पहाड़ी उपदेश 90
10. कोढ़ से चंगाई 91

11. यीशु ने लकवे के रोगी को चंगा किया.....................93	31. एक धनी युवक...121
12. प्रभु की प्रार्थना...94	32. दुष्ट आत्माओं से भरा हुआ व्यक्ति.....................123
13. बुद्धिमान और मूर्ख मनुष्य......................................96	33. नाईन नगर की विधवा....................................124
14. बीज बोने वाले का दृष्टांत.....................................97	34. लाज़र..125
15. क्षमा न करने वाला दास.......................................99	35. यरूशलेम में यीशु का स्वागत..........................127
16. दो बेटों की कहानी..100	36. पतरस का अंगीकार......................................128
17. यीशु ने पाँच हज़ार को भोजन खिलाया................101	37. फसह के पर्व का अंतिम भोज........................129
18. यीशु पानी पर चले..103	38. यहूदा इस्करियोती का यीशु को धोखा देना........131
19. तोड़ों का दृष्टांत..104	39. क्रूस पर यीशु की मृत्यु....................................132
20. अच्छा सामरी..105	40. यीशु का मृतकों में से जी उठना.......................134
21. खोई हुई भेड़...106	41. यीशु तुमसे प्रेम करते हैं.................................136
22. उड़ाऊ पुत्र...108	42. यीशु का स्वर्ग में उठा लिया जाना...................138
23. फरीसी और चुंगी लेने वाला................................110	43. पवित्र आत्मा का आना..................................139
24. विधवाओं की दो कहानियां..................................111	44. शाऊल का हृदय परिवर्तन..............................141
25. दाख की बारी के मज़दूर....................................113	45. पतरस का बंदी गृह से छुटकारा......................142
26. दस कुँवारियों का दृष्टांत....................................114	46. पौलुस और सीलास जेल में............................144
27. जक्कई..116	47. पौलुस पर मुकदमा..146
28. जन्म से अन्धा व्यक्ति.......................................117	48. पानी के जहाज़ का टूटना...............................147
29. सूबेदार का यीशु में विश्वास................................119	49. आत्मा का फल...149
30. कुबड़ी स्त्री की कहानी.......................................120	50. परमेश्वर के हथियार.....................................151

1. सृष्टि की कहानी

यह सृष्टि की कहानी है, कि परमेश्वर ने आकाश और पृथ्वी को कैसे बनाया। शुरू में पृथ्वी, आकाश, समुद्र या फिर जानवर, कुछ भी नहीं था। सिर्फ अंधेरा था। तब परमेश्वर ने अंधियारे से कहा "उजियाला हो"। तो एकदम अंधकार को दूर करता हुआ और अनंत आकाश प्रकट करता हुआ, उजियाला हो गया। परमेश्वर ने उजियाले को देखा कि अच्छा है। फिर परमेश्वर ने उजियाले को अंधियारे से अलग किया। परमेश्वर ने उजियाले को दिन और अंधियारे को रात कहा। शाम हुई, रात बीती, फिर उजियाला लौटा। यह पहला दिन था।

दूसरे दिन परमेश्वर ने पृथ्वी को बनाया और उसके ऊपर परमेश्वर ने जल को दो भागों में कर के, नीचे के जल और ऊपर के जल को अलग-अलग करके अंतर किया और उस अंतर को परमेश्वर ने आकाश कहा। उन्होंने ध्यान से ऊपर, बड़ा नीला आसमान बना कर ठहरा दिया। ऐसा करके उन्होंने खड़े होकर अपनी रचना की सुंदरता को देखा। शाम हुई और फिर सुबह, यह दूसरा दिन था।

अगली सुबह परमेश्वर ने चारों ओर देखा और सोचा, "पृथ्वी और अच्छे से तैयार होनी चाहिए"। तो उन्होंने सारा पानी एक जगह करके उसे 'समुद्र' कहा। सारी सूखी ज़मीन भी दिखाई दे और वैसा ही हो गया, और

उन्होंने उसे पृथ्वी कह कर बुलाया। उसके बाद परमेश्वर ने ज़मीन को ढकने के लिए पौधे बनाएं। परमेश्वर ने पृथ्वी से कहा, 'हरी घास, और बीज वाले छोटे–छोटे पेड़ और फल देने वाले पेड़ पृथ्वी पर उगें। वैसा ही हो गया। सब प्रकार के पेड़ और घास उगने लगे। और परमेश्वर ने देखा और कहा, कि 'यह अच्छा है'। फिर शाम हुई और सुबह, यों तीसरे दिन का अंत हुआ ।

चौथे दिन, परमेश्वर ने सारी दिशाओं में देखा और सोचा, 'दिन के उजियाले पर और काम करना होगा और रात तो बहुत ही अंधेरी है'। तो उन्होंने दिन के लिये, आकाश में रोशनी के लिए सूरज और रात को उजियाले के लिए चांद और तारे बनाए। आकाश में ऐसा करने के बाद, पीछे हट कर उन्होंने अपने काम को देखा। और परमेश्वर ने देखा कि वो अच्छा है। सो वो चौथा दिन था।

अगले दिन परमेश्वर ने अपना ध्यान, महासागर के इकट्ठे जल पर किया। उन्होंने सोचा कि 'मैं इस जल को, जीवन से भरना चाहता हूँ', जैसे ही उन्होंने यह कहा, वैसा ही हो गया। महासागर के ऊपरी जल में लाखों छोटी मछलियां उछलने लगी और बड़ी मछलियाँ गहरे जल में तैरने लगीं। परमेश्वर ने पक्षियों को भी बनाया और उन्हें हवा में उड़ने को भेजा। परमेश्वर ने उन्हें आशीष दी और कहा 'फूलो–फलो' और 'पृथ्वी पर भर जाओ।' और परमेश्वर ने देखा कि अच्छा है। शाम होने पर जल पर और आकाश में अंधेरा होने लगा। यह पाँचवा दिन था।

छठवें दिन, परमेश्वर ने पृथ्वी पर छोटे बड़े जानवरों को भी बनाया। उन्होंने शेर, बाघ, भालू, खरगोश, भेड़ और गाय और कई सारे जानवर बनाए। परमेश्वर ने चीटियों से लेकर धारी वाला गधा यानी ज़ीब्रा तक, सब कुछ पृथ्वी पर बनाया। परंतु उन्हें तब भी ऐसा लगा कि कुछ कमी है। तो परमेश्वर ने मानव जाति को बनाया, ताकि पृथ्वी लोगों से भर जाए और उन्होंने यह भी कहा कि वे उसकी बनाई चीज़ों पर राज्य करें और उनको संम्भालें। परमेश्वर ने सब तरफ देखा और पाया कि जो कुछ उन्होंने बनाया था वो सचमुच में बहुत ही अच्छा था। यह छठे दिन का अंत था।

छठे दिन के बाद सारा संसार पूरा हुआ। सातवें दिन परमेश्वर ने आराम किया और जो कुछ बनाया था उसे देखने का आनंद उठाया।

एक लम्बे सप्ताह के अंत में क्या तुम आराम करने का आनन्द उठाते हो? परमेश्वर ने हमें ऐसा बनाया है कि हमें हर सप्ताह के अंत में आराम करने की ज़रूरत है। एक दिन परमेश्वर लोगों से कहेंगे कि अपने हृदयों में आराम पाएं उनके पुत्र यीशु में विश्वास करने के द्वारा।

2. आदम और हव्वा

पहले सप्ताह के छठे दिन परमेश्वर ने ज़मीन से कुछ मिट्टी लेकर, एक आदमी का आकार बनाया। फिर उन्होंने धीरे से उसके नाक में अपने जीवन का श्वास फूँक दिया। उस आदमी की आँखें खुलीं और वह जीवित प्राणी बन गया। परमेश्वर ने उसे 'आदम' नाम दिया। यहाँ से ही हिंदी शब्द 'आदमी' आता है।

परमेश्वर ने उसके रहने के लिए एक सुंदर सा बाग बनाया। बाग का नाम 'अदन' था, जिस में हर प्रकार के वृक्ष, जो देखने में मनोहर और जिनके फल खाने में अच्छे थे, उगाए। पक्षी पेड़ों पर गा रहे थे, वादियों में से नदियाँ बहती थीं और जानवर मैदान में घूमते थे।

परमेश्वर ने मनुष्य को अपनी छवि में बनाया ताकि मनुष्य उनके साथ संगति रखे और संसार को भी सम्भाले। परमेश्वर सारे जानवरों को आदम के पास एक–एक करके लाए ताकि वह उनके नाम रखे। 'हाथी' कहे या 'बाघ' या 'नेवला'।

पर परमेश्वर को आदम के लिए दुख हुआ। 'उसके जैसा कोई नहीं था', परमेश्वर ने सोचा कि आदम को अपना जीवन बांटने के लिए, किसी की ज़रूरत है। उसे किसी ऐसे की ज़रूरत है जो उसका ध्यान रखे और जिसका वो ध्यान रख सके।

उस रात जब आदम सो रहा था, तो परमेश्वर ने उसकी एक पसली निकाल कर, उस जगह माँस भर दिया। फिर उस पसली में से एक 'स्त्री' बनाई और उस को आदम के पास ले आये। आदम बहुत खुश हुआ और उसने उसका नाम 'हव्वा' रखा। आखिर में उसके पास एक सिद्ध साथी था। परमेश्वर कहते हैं, 'जिसने स्त्री ब्याह ली, उसने उत्तम पदार्थ पाया'।

क्या तुम जानते हो कि परमेश्वर ही हमारे जीवन साथीयों को हमारी मदद के लिए बनाते हैं?

3. पहला पाप

परमेश्वर ने सबसे पहले पुरूष और स्त्री यानी 'आदम और हव्वा', से कहा कि यह उनका काम है, कि वे 'अदन की वाटिका' की देखभाल करें। परमेश्वर ने उनसे कहा कि, 'यह सब तुम्हारा है। जो कुछ अच्छा लगे, उसे ले लो। तुम इस बगीचे में काम करो, लेकिन बगीचे के बीच में लगा जो 'भले और बुरे' के ज्ञान का पेड़ है उसका फल मत खाना, क्योंकि जिस दिन तुम उसके फल को खाओगे उसी दिन तुम मर जाओगे'।

परमेश्वर का यह मतलब नहीं था, कि जिस पल आदम और हव्वा उस पेड़ का फल खायेंगें उसी समय वे मर कर गिर जाएंगे। उनका मतलब यह था, "कि अगर वे परमेश्वर का कहा नहीं मानेंगे, तो वो पाप होगा। और पाप के कारण उनका परमेश्वर से संबंध टूट जाएगा। जिससे आत्मिक मृत्यु होगी और फिर शारीरिक मृत्यु।"

एक दिन आदम और हव्वा खाने के लिए फल चुन रहे थे, तभी शैतान साँप के रुप में वहाँ आया और हव्वा से बोला, 'क्या यह सच है कि परमेश्वर ने कहा, तुम इस बगीचे के हर एक पेड़ का फल नहीं खा सकते?

तब हव्वा ने उस साँप से कहा कि परमेश्वर ने हमसे कहा है कि इस बाग के सभी फल हम खा सकते हैं, पर भले और बुरे के ज्ञान के पेड़ का फल न तो खाना और न ही उसको छूना, नहीं तो मर जाओगे।

यह सुनकर साँप ने कहा, तुम निश्चय न मरोगे। परमेश्वर आप जानते हैं कि जिस दिन, तुम उस पेड़ का फल खाओगे उसी दिन तुम्हारी आँखें खुल जाएंगी और तुम भले बुरे का ज्ञान पाकर परमेश्वर के समान हो जाओगे। वो यह कहना चाहता था, कि यह

फल खाने के बाद वे क्या भला है और क्या बुरा है, इसका निर्णय अपने मन से कर सकेंगे और वे परमेश्वर के समान हो जाएंगे।

हव्वा ने यह सोचा कि कितना अच्छा होगा, अगर हम भी परमेश्वर की तरह बुद्धिमान बन जाएंगे। उसने साँप के झूठ पर भरोसा कर लिया और फल को खा लिया और आदम को भी दिया, जो उसके साथ था।

फल खाने के बाद हव्वा को इस बात का अहसास हो गया, कि वो दोषी है और उसने परमेश्वर की आज्ञा का पालन नहीं किया था।

जैसे ही, आदम और हव्वा ने फल को खाया, वैसे ही उनमें कुछ बदलाव आये और अब वे दोनों परमेश्वर से डरने लगे और उन्हें अपने नंगे होने का अहसास हुआ।

जब परमेश्वर उनसे मिलने को आये और उनको आवाज़ देकर बुलाया, तो वे दोनों तुरंत झाड़ियों के पीछे छिपने लगे और बाहर नहीं आये। परमेश्वर को तो पता था, कि उन्होंने क्या किया है। फिर भी, परमेश्वर ने उनसे पूछा, "कि कहीं उन्होंने भले और बुरे के ज्ञान के पेड़ का फल तो नहीं खा लिया" जिसको उन्होंने खाने के लिए मना किया था। (उन्होंने यह इस लिए पूछा क्योंकि, वह चाहते थे कि आदम और हव्वा अपने किये पाप को मानें और परमेश्वर से क्षमा मांगें)। लेकिन उन दोनों ने ऐसा नहीं किया और अपने किये पाप का दोष एक दूसरे पर डालने लगे।

परमेश्वर को बहुत दुख हुआ, जब आदम और हव्वा ने उनका कहना नहीं माना। इसलिए परमेश्वर ने उनको अदन के बगीचे से निकाल दिया। यह भी कहा कि, 'अब से तुमको कठिन मेहनत करके खेत की उपज और अपने पसीने की रोटी खानी पड़ेगी। कुछ भी आसानी से नहीं होगा, बच्चा जन्ने में भी दर्द होगा और एक दिन तुमको मरना भी पड़ेगा।'

क्या तुम देख सकते हो कि अब संसार कितना पाप से भरा है? पाप ने आदम और हव्वा को परमेश्वर से अलग कर दिया था और उन के द्वारा पूरी मानव जाति को, यानी हम सब को भी। उनका संबंध परमेश्वर से टूट गया था। लेकिन परमेश्वर ने वायदा किया था, कि एक दिन वह पाप का हल देंगे और समय में उन्होंने अपने बेटे यीशु को भेजा, कि जो उन पर विश्वास करें, उनका उद्धार हो सके।

पाप करने के कारण हमारा सम्बन्ध भी परमेश्वर से टूट जाता है। तुम्हारा सम्बन्ध उन के साथ कैसा है?

4. कैन और हाबिल की कहानी

आदम और हव्वा के दो बेटे हुए। पहले बेटे का नाम कैन था और वो खेती करने वाला एक किसान बना, जो सब्ज़ियाँ और अनाज उगाता था। दूसरे बेटे का नाम हाबिल था और वो एक चरवाहा बना, जो घर की भेड़ों को चराता था। कैन और हाबिल हमेशा मेल से नहीं रहते थे।

कैन और हाबिल के माता पिता ने परमेश्वर से जैसा सीखा, वैसा ही अपने बेटों को सिखाया कि, वे एक उत्तम और सिद्ध भेड़ के बच्चे {मेमने} की बलि चढ़ा कर परमेश्वर से अपने पापों की क्षमा माँगे।

हाबिल यह चाहता था कि उसकी भेंट परमेश्वर के लिए खास हो। इसलिए उसने अपनी भेड़ बकरियों के पहलौठे बच्चों में से सबसे अच्छा मेमना परमेश्वर को भेंट चढ़ाया। अपनी सबसे कीमती भेड़ को चढ़ाना हाबिल के लिए आसान नहीं था। लेकिन उसके लिए यह ज़रूरी था कि जैसा परमेश्वर चाहते हैं और उसे सिखाया गया था, वो वैसा ही करे। परमेश्वर ने उसकी भेंट स्वीकार की।

कैन ने सोचा कि वो भेड़ ही क्यों चढ़ाए? जो उसके पास उसकी उगाई हुई फसल है, वो उसी में से भेंट चढ़ाए। जैसे हाबिल की बलि की भेड़ वेदी पर जल रही थी, कैन देख रहा था, पर उसकी भेंट में सिर्फ थोड़ी सी चिंगारी नज़र आई, पूरी आग लगी ही नहीं।

इस का यह मतलब था: कि परमेश्वर ने हाबिल की भेंट को तो ग्रहण किया, लेकिन कैन की नहीं। इस पर कैन को बहुत गुस्सा आया और वह उदास हो गया। उसको यह पता ही नहीं चला, कि यह उसकी अपनी गलती थी कि परमेश्वर को उसकी भेंट पसंद नहीं आयी। क्योंकि परमेश्वर के अनुसार उसको भी अपने पापों की क्षमा के लिए, एक उत्तम और सिद्ध मेमना ही बलि चढ़ाना था (जिसका यह मतलब था कि, एक दिन परमेश्वर के पुत्र यीशु, जिनमें कोई पाप नहीं, जो सिद्ध और सबसे उत्तम थे, सारी

मानव जाति के पापों के लिए बलिदान चढ़ाए जाएंगे और इस तरह वो हमारे पापों को अपने ऊपर ले कर अपनी जान दे देंगे, ताकि हम अपने पापों की क्षमा पाएं और उनमें विश्वास करने से हमारा उद्धार हो)। पर कैन अपने भाई हाबिल से गुस्सा था। तब परमेश्वर ने उससे कहा कि,' कैन तू क्यों गुस्सा है और तेरे मुंह पर उदासी क्यों छा गई है? यदि तू भला करे, तो क्या तेरी भेंट ग्रहण न की जाएगी?' फिर परमेश्वर ने उसे चिताया कि वह पाप न करे।

लेकिन कैन ने अपने भाई हाबिल को जब वो मैदान में था, जान से मार दिया। परमेश्वर के बताने के बाद भी, उसने फिर पाप को अपने जीवन में स्थान दिया और अपने भाई की हत्या कर दी। भाई के मरने पर वो दुखी नहीं था। उसने सब तरफ देखा होगा और चौन की सांस ली होगी कि, यह सोचते हुए कि शयद किसी ने भी उसको भाई को मारते हुए नहीं देखा होगा। वो यह भूल गया कि परमेश्वर से तो कुछ भी छिप नहीं सकता।

तभी परमेश्वर ने पूछा, 'कैन, तेरा भाई कहाँ है?' कैन कंधे उचका कर बोला, 'मुझे नहीं पता, क्या मैं अपने भाई का रखवाला हूँ?'

परमेश्वर ने कहा, 'कैन तूने यह क्या किया ? अपने एकलौते भाई के साथ इतना निर्दयी कैसे हुआ? कैन रोते–रोते ज़मीन पर गिर गया। आखिर में, जो उसनें किया था, उसे उसका डर हुआ और उसने इस एहसास के साथ सारा जीवन बिताया कि वह अपने छोटे भाई का कातिल है।

तुम्हारे जीवन में कहीं कोई पाप तो नहीं, जो तुम सोचते हो कि दूसरे को नहीं पता ? या फिर तुमने चोरी छिपे कुछ किया हो, जो किसी ने नहीं देखा ? परमेश्वर से कुछ भी नहीं छिपता।

5. नूह और जल प्रलय

जब यह संसार कुछ हज़ारों साल पुराना था, तो उन दिनों नूह नाम का एक धर्मी पुरूष और ख़रा व्यक्ति रहता था। वह परमेश्वर से बहुत प्रेम करता था। नूह परमेश्वर से बातें करता था और उनका कहना भी मानता था। परमेश्वर भी नूह से प्रेम करते थे। नूह जब पाँच सौ वर्ष का हो चुका था, तब उसके तीन बेटे हुए। उन दिनों में लोग बहुत लंबी उम्र तक जीते थे।

एक दिन परमेश्वर का मन बहुत उदास हुआ, क्योंकि लोग बहुत पापी हो गए थे। परमेश्वर हमारे पाप से बहुत दुखी और उदास होते हैं। परमेश्वर प्रेम हैं, इसलिए उनको बुरा लगता

है जब हम पाप करते हैं। फिर भी वह हम से प्रेम करते हैं। इसलिए परमेश्वर ने नूह को याद रखा, क्योंकि वो अकेला ही परमेश्वर की नज़र में सही था। इसलिए परमेश्वर ने नूह से कहा, 'मैं सब लोगों को नाश कर दूंगा, क्योंकि वे बहुत पापी हो गए हैं'।

परमेश्वर ने नूह को, यह बताया कि उसको पानी का एक बड़ा जहाज़, कैसे बनाना है। उन्होंने यह भी बताया की कौन सी लकड़ी लगानी है और जहाज़ के किनारे पर एक दरवाज़ा लगाना है, और वो जहाज़ तीन मंज़िला होना चाहिए। जहाज़ बहुत बड़ा था। परमेश्वर ने नूह से एक वायदा किया कि वो उसको, उसकी पत्नी, उसके तीनों बेटे और उनकी पत्नियों को बचा लेंगे। वे सब पानी के जहाज़ के अंदर सुरक्षित रहेंगे, क्योंकि परमेश्वर बाढ़ से सारी पृथ्वी और उसमें का सब कुछ नाश करने वाले थे। पर परमेश्वर हर एक जीव और जानवर के जोड़े को भी बचाएंगे।

कई साल लगे, पर जहाज़ बनकर तैयार हो गया। परमेश्वर ने बाढ़ से पहले, नूह को सात दिनों का समय दिया कि सब जहाज़ के अंदर आ जाएं। फिर परमेश्वर ने जहाज़ का दरवाज़ा बंद कर दिया। बाईबल बताती है कि बहुत बारिश आई और पानी ज़मीन में से भी आने लगा। चालीस दिनों तक बारिश और बढा़ रही! जहाज़ पानी पर तैर रहा था और सब ऊंचे पहाड़ पूरी तरह से पानी से ढक गए थे। जितने भी जीव जन्तु पृथ्वी पर रह गए थे और जहाज़ में नहीं थे, वे सब मर गए।

जब बारिश रुकी, तो वे यूँ ही जहाज़ में से उतर नहीं सकते थे। उनके चलने के लिए, कहीं भी ज़मीन नहीं थी। परमेश्वर ने एक हवा भेजी कि ज़मीन सूख जाए। अंत में, बाढ़ के सात महीनों के बाद, वह जहाज़ एक पहाड़ी पर जाकर टिक गया।

तब नूह ने जहाज़ की खिड़की खोली और एक कौवे को उड़ाया, पर वो वापस नहीं आया। फिर उसने एक कबूतरी उड़ाई, जो लौट कर आई, क्योंकि उसके पैर टेकने की कोई

जगह नहीं थी। उसने एक हफ्ता और इंतज़ार किया। फिर से उसने उस कबूतरी को उड़ाया। इस बार कबूतरी एक जैतून की नयी पत्ती लेकर आई, जिसका मतलब यह था, कि पानी कम हो रहा था। नूह, उसका परिवार और जानवर एक साल से ऊपर उस जहाज़ में रहे!

फिर वह खुशी का दिन आया, जब परमेश्वर ने उन्हें जहाज़ से उतरने को कहा। अब ज़मीन पर उनके अलावा और कोई नहीं था और उनको एक नई शुरुआत, घर बनाने से, और खाना जमा करने से करनी थी।

इसके बाद परमेश्वर ने वायदा किया कि फिर से वह बाढ़ से ज़मीन को नाश नहीं करेंगे। इस बात को साबित करने के लिए, परमेश्वर ने मेघ धनुष 'रेनबो' को आसमान में रखा, जो उनका वायदा याद दिलाता है, जो उन्होंने नूह से, जानवरों से और आज हम से भी किया है।

क्या तुम ने कभी मेघ धनुष को देखा है ? जब कभी तुम देखो, तो परमेश्वर का धन्यवाद करो कि वह हम से प्रेम करते हैं और हम से अपना वायदा पूरा करते हैं। यीशु ने कहा कि जब वो ज़मीन पर वापस लौटेंगे, तो वह नूह के समय जैसा होगा। इसका मतलब के लोग बहुत बुरे होंगे। लेकिन, जो यीशु से प्रेम करते हैं यीशु उनको बचाएंगे।

6. बाबेल की मीनार

यह कहानी 'घमंड' के बारे में है। परमेश्वर घमंड से नफरत करते हैं। घमंड होता है, जब हम अपने को, दूसरों से अच्छा समझते हैं। और जब हम अपने आप को दूसरों से अच्छा समझते हैं, तो हम यह भी सोचने लगते हैं कि हमें परमेश्वर की ज़रूरत नहीं है। हमें किसी की ज़रूरत नहीं है। हम अपने आप ही चीज़ों को संभाल सकते हैं, सब कुछ खुद कर सकते हैं।

थोड़ा सोचो कि आखिरी बार कब तुमने अपने माता पिता का कहना नहीं माना या अपने दोस्त के साथ अच्छे से पेश नहीं आए। तुमने अपने विचार और भावनाएं पहले रखीं और यह सोचा भी नहीं, कि दूसरे व्यक्ति को कैसा लगा होगा, यही घमंड है।

बाढ़ के कुछ सालों के बाद नूह की पीढ़ियों में निम्रोद पैदा हुआ। पृथ्वी पर पहला वीर वही हुआ था आगे चलकर वह बाबेल का राजा बना। उस समय तक संसार के सब लोग एक ही भाषा बोलते थे।

निम्रोद राजा सब लोगों में प्रसिद्ध होना चाहता था। उसने बेबीलोन के लोगों से कहा, कि अगर वह सब एक जुट हो जाएं और एक नगर और स्वर्ग तक की एक ऊंची मीनार बनाएं,

तो वह महान बन जाएंगे और इस तरह उनका नाम होगा।

तब बाबेल की मीनार के लिए लोग ईटें बनाने के काम में लग गए। परमेश्वर ने निर्णय लिया कि वह पृथ्वी पर आकर लोग जो नगर और मीनार बना रहे हैं उन्हें देखें।

परमेश्वर ने कहा 'मैं देखता हूं कि यह लोग कुछ भी कर सकते हैं, क्योंकि यह सब एक ही भाषा बोलते हैं। जो कुछ वे करने की कोशिश करेंगे, उसमें से कुछ भी उनके लिए ऐसा न होगा, जो वे नहीं कर सकते। यह लोग मुझे भूलने लगे हैं और जल्द ही कुछ भी अच्छा नहीं बचेगा, सिर्फ पाप रह जायेगा। इसलिए परमेश्वर ने इन लोगों की भाषाएं अलग कर दीं, ताकि हर एक परिवार एक अलग भाषा बोले।

अब लोग एक दूसरे को समझ नहीं सके। ऐसा लगने लगा कि वे बड़-बड़ कर रहे हैं और सब अपनी अलग भाषाएं बोल रहे थे। उन्हें कुछ पता नहीं चल पा रहा था, कि यह क्या हो रहा है।

यहीं से भाषाओं की शुरुआत हुई। और वहीं से परमेश्वर ने लोगों को पृथ्वी पर अलग-अलग जगहों में फैला दिया।

तो आप देख सकते हैं कि परमेश्वर घमंड से कितनी नफरत करते हैं। घमंडी लोग सोचते हैं कि वे अपने काम से स्वर्ग तक पहुँच सकते हैं, परंतु परमेश्वर चाहते हैं कि हम उनके बेटे यीशु मसीह पर विश्वास रख कर स्वर्ग पहुँचे।

कहीं आप को तो किसी चीज़ का घमण्ड नहीं है?

7. अब्राम और लूत

बाढ़ के कई सालों के बाद, अब्राम नाम का एक अच्छा और परमेश्वर से प्रेम करने वाला व्यक्ति, रहता था। परमेश्वर ने उससे कहा, कि वह अपने पिता का घर और अपना देश छोड़कर, उस देश में चला जाए जो परमेश्वर उसे दिखाएंगे। इसलिए जो कुछ उसका था, उसे लेकर और अपनी पत्नी सारै को लेकर, वहाँ से कनान देश जाने के लिये निकल पड़ा। अब्राम बहुत अमीर था। उसके पास बहुत भेड़, बकरी, गाय, बैल और सोना, चांदी भी था।

अब्राम का भतीजा लूत भी उसके साथ गया। लूत उससे उम्र में छोटा और जवान था और उसके पास भी बहुत जानवर थे।

अब्राम की और लूत की भेड़ों के लिए वहाँ घास और पानी की कमी थी, इसलिए उनको अलग होना पड़ा। क्योंकि अब्राम बड़ा था, उसका हक था कि वह पहले चुने, पर वो ज़मीन को लेकर कोई विवाद नहीं चाहता था। इसलिए अब्राम ने पहले लूत को जगह चुनने दी, जहाँ भी वह अपनी भेड़ों को रखना चाहे।

लूत ने एक बहुत सुंदर और हरे-भरे मैदान को चुना, जो सदोम नाम के नगर के पास था। जहाँ के लोग दुष्ट और पापी थे। लेकिन अब्राम के हिस्से में कनान की सूखी पहाड़ियाँ आईं, जहाँ पानी कम था।

थोड़े ही समय बाद, लूत के पास की जगहों के राजाओं के बीच में लड़ाई छिड़ गई। जिसमें लूत और उसके परिवार के लोग बंदी बना लिए गए और उनकी सारी संपत्ति चुरा ली गई! अब्राम को भी यह खबर पता चली। जब कि वो दूर रहता था, उसने अपने दासों को इकट्ठा किया और लूत और उसके परिवार को बचाने के लिए निकल गया। क्योंकि लूत उसका भतीजा

था। परमेश्वर की मदद से अब्राम, अपने भतीजे लूत और उसके परिवार को बचा सका और उसकी सारी संपत्ति भी छुड़ा लाया।

क्या तुम्हें लगता है कि लूत का सदोम में जाकर रहने का निर्णय बुद्धिमानी का था? क्या तुमने कभी मूर्खता के निर्णय लिए हैं? अगर हम परमेश्वर से माँगे, तो उन्होंने वायदा किया है कि हमें बुद्धि देंगे।

परमेश्वर कि मदद से हम भी बड़े-बड़े काम कर सकते हैं, बाईबल कहती है, "परमेश्वर जो मुझे सामर्थ देता है, उसमें मैं सब कुछ कर सकता हूं।"

8. अब्राहम, सारा और मेहमान

अब्राम परमेश्वर से प्रेम करता, उनके साथ-साथ चलता और परमेश्वर का कहना मानता था। एक दिन परमेश्वर ने अब्राम से कहा, कि वे उसे बहुत आशीष देंगे। तो अब्राम ने कहा कि उसके पास तो संतान नहीं है, इसलिये जो कुछ उसका है, वो उसे अपने दास एलीएज़ेर को देगा। उन दिनों में जिनके पास संतान नहीं होती थी, उनका धन, संपत्ति सब कुछ उनके मरने के बाद, उनके दास की होती थी। इस पर परमेश्वर ने अब्राम से वायदा किया कि वो और सारै, माता पिता बनेंगे। वह उन्हें संतान से आशीषित करेंगे।

परमेश्वर ने जान लिया था कि अब्राम को यह बात समझ नहीं आई, क्योंकि वह बूढ़ा हो चुका था। उस रात परमेश्वर, अब्राम को तंबू से बाहर लाए और बोले, 'क्या तू आसमान में ये सारे तारे देखता है?' अब्राम ने ऊपर देखा और पाया कि आसमान तारों से भरा हुआ है कि वो उनको गिन नहीं सकता था। तब परमेश्वर ने कहा, 'तुम्हारे भी उतनी ही संतानें होंगी'।

काफी सालों के बाद, जब अब्राम निन्यानवे साल का था, तब परमेश्वर ने फिर से अब्राम को किया वायदा याद दिलाया और इसलिए उन्होंने 'अब्राम' का नाम बदलकर 'अब्राहम' रखा। जिसका मतलब 'बहुतों का पिता' है। उन्होंने 'सारै' का नाम भी बदल कर 'सारा' रखा। जिसका मतलब, 'बहुतों की माता' है।

एक दिन तीन लोग अब्राहम के तम्बू के पास आये। वह भाग कर उनसे मिलने को गया और उनसे कहा, 'कृपया यहाँ आएं और इस पेड़ के नीचे आराम करें।' मेहमान उसकी बात मान गए और अब्राहम ने उनको अच्छा खाना खिलाया।

जब मेहमान खाना खा रहे थे, उन्होंने अब्राहम से पूछा, 'तेरी पत्नी सारा कहाँ है?' अब्राहम

ने जवाब दिया, 'वो अपने तंबू में है'। तब उनमें से एक बोला, 'मैं एक साल बाद तुझे देखने के लिए इसी समय फिर आऊँगा और सारा के एक बेटा होगा।' परमेश्वर ने एक बार फिर से उनसे संतान के लिए बोला।

सारा उनकी बातों को सुन रही थी और वह यह सोचते हुए हँसने लगी, 'मुझे बच्चा कैसे हो सकता है, मैं तो नब्बे साल के करीब की हो गई हूँ?' बाद में अब्राहम और सारा को यह पता चला कि जिसने यह बात उनको बोली थी, वो तो असल में परमेश्वर ही थे। क्योंकि एक साल के बाद, सारा के एक बेटा हुआ और उन्होंने उसका नाम इसहाक रखा, जिसका मतलब 'हँसना' होता है।

क्या तुम कभी हँसे हो, यह शक करके कि परमेश्वर तुम्हारे लिये भी कुछ महान कर सकते हैं? हम यह आशा रख सकते हैं कि परमेश्वर अपने वायदों को हमेशा याद रखते हैं।

परमेश्वर ने ऐसा इस लिए किया कि अपने लोगों को यह बता सकें, कि एक दिन वह भी अपने पुत्र यीशु को भेजेंगे।

9. अब्राहम का परखा जाना

अब्राहम इतने सालों में परमेश्वर के साथ चलते-चलते, उनका दोस्त बन गया था। जब अब्राहम का पुत्र इसहाक लड़का ही था, तब परमेश्वर ने अब्राहम से कहा, 'अब्राहम, अपने इकलौते बेटे इसहाक को ले, जिससे तू बहुत प्रेम करता है और मोरिय्याह देश में चला जा। वहां एक पहाड़ पर जो मैं तुझे दिखाऊंगा, उसे बलिदान करके, मुझे चढ़ा दे'।

तो अगली सुबह, अब्राहम ने जल्दी उठकर बलिदान के लिए लकड़ी ली, और गधे पर लादकर, अपने साथ इसहाक को और दो नौकरों को लेकर यात्रा पर चल दिया। तीन दिनों के बाद, अब्राहम ने परमेश्वर की चुनी हुई जगह देखी। उसने अपने नौकरों से कहा, 'गधे के साथ यहीं रुको, इसहाक और मैं प्रभु की आराधना करने जा रहे हैं। हम बलिदान चढ़ाने के बाद, वापस आएंगे'।

फिर उसने इसहाक को लकड़ी उठाकर चलने को कहा। अब्राहम ने अपने हाथ में आग और चाकू लिया। इसहाक ने आस पास देखा और पूछा, 'पिताजी बलि के लिए भेड़ कहाँ है?' इस पर अब्राहम ने अपने बेटे को देखते हुए कहा, 'परमेश्वर बलिदान की भेड़ का उपाय आप ही करेंगे'। जब वे उस जगह पहुँचे जो परमेश्वर ने चुनी थी, अब्राहम ने एक वेदी बनाई और उसके ऊपर लकड़ियाँ सजाई। फिर उसने अपने बेटे को बाँधा और उसको वेदी पर रखी लकड़ियों के ऊपर रख दिया। तब उसने, अपने बेटे को बलि करने के लिए अपना चाकू निकाला।

तभी, परमेश्वर के स्वर्गदूत ने, स्वर्ग से पुकार कर कहा, 'अब्राहम, अब्राहम अपने पुत्र को

मत मार! मैं अब जान गया हूँ कि तू परमेश्वर का भय मानता है, क्योंकि तू मुझे अपना बेटा देने के लिए तैयार हो गया'! अब्राहम ने देखा कि उसके पीछे एक मेढ़ा अपने सीगों से एक झाड़ी में फंसा हुआ है। उसने उसे लिया और अपने बेटे की जगह, बलिदान करके चढ़ाया। अब्राहम ने उस जगह का नाम 'प्रभु उपाय करेगा' रखा।

बाद में परमेश्वर ने अब्राहम से कहा, 'क्योंकि तूने मेरा कहा माना, मैं तुझे और तेरे वंश को आशीष दूंगा। मैं तेरे वंश को समुद्र के तट के बालू के किनकों के समान, बनाऊँगा। और सारी पृथ्वी उनके कारण आशीष पाएगी।

अब्राहम का बलिदान इस बात को दर्शाता है कि इस तरह परमेश्वर बाद में अपने इकलौते पुत्र को भेजेंगे कि वो हमारे पापों के लिए बलिदान हों।

क्या तुम परमेश्वर के दोस्त कहलाना चाहोगे? जब वह हमारे पाप क्षमा करते हैं और हम उनकी आज्ञा पालन में चलते हैं तो ऐसा हो सकता है।

10. सदोम और अमोरा

अब्राहम का परमेश्वर के साथ बहुत गहरा संबंध था। परमेश्वर ने अब्राहम को बताया कि उन्होंने सुना है कि सदोम के लोग दुष्ट हो गए थे और वो वहां जा रहे थे। अब्राहम परेशान हुआ कि अगर परमेश्वर ने सदोम को नाश किया तो, लूत का क्या होगा क्योंकि वह उस नगर के पास रहता था।

अब्राहम ने परमेश्वर को मनाया और परमेश्वर से बोला कि सदोम में अगर दस लोग भी धर्मी हुए (जो परमेश्वर के भय में चलते हों), तो वह उस शहर को नाश न करें।

एक शाम, दो स्वर्गदूत, जो आदमियों की तरह लगते थे, उस शहर में आए। लूत उस शहर के फाटक पर बैठता था, उनसे बोला कि उस रात वे उसके घर में आराम करके, सुबह उठकर अपने मार्ग में जाएं। जब वे लूत के घर पर थे, तो शहर के आदमियों की भीड़ ने उसके घर को घेर लिया और चिल्लाने लगे, 'जो आदमी तेरे घर आए हैं उन्हें हमें दे दे'। क्योंकि वे लोग उनके साथ गलत काम करना चाहते थे।

लूत बाहर निकला और दरवाज़ा बंद करके उनके सामने खड़ा हो गया। उसने उन से कहा कि वे ऐसा न करें, क्योंकि वे उसके मेहमान थे। वो भीड़ लूत के घर के दरवाज़े को तोड़ने लगी। स्वर्गदूतों ने लूत को पकड़कर घर के अंदर खींच लिया और जो लोग पाप करने आए

थे उन्हें अंधा कर दिया। वह दरवाज़े को टटोलते टटोलते थक गए, इसलिए उन आदमियों को हार कर वहाँ से जाना पड़ा।

स्वर्गदूतों ने लूत को कहा, कि वह अपने रिश्तेदारों को लेकर, जल्दी से उस शहर से निकल जाए, क्योंकि वहाँ के पीड़ितों की आवाज़ें, परमेश्वर के कानों में चिल्ला रही हैं, और उन्होंने उनको नाष करने भेजा है। लूत के दामादों ने इस बात को मज़ाक समझा और नहीं आए। स्वर्गदूत ने लूत को और उसकी पत्नी और उसकी बेटियों को, पकड़ कर जल्दी से शहर के बाहर छोड़ा और कहा कि जान बचाकर भागें और पीछे मुड़ के न देखें। जब तक पहाड़ों पर नहीं पहुंच जाते, रुके नहीं।

लूत ने कहा, 'तूने मुझ पर दया दिखाई है। पर मैं पहाड़ों पर नहीं जा सकता। पास में एक छोटा सा नगर है, मुझे वहाँ जाने दे'। स्वर्गदूत ने कहा, 'जल्दी से वहाँ चले जाओ।' परमेश्वर ने अब्राहम के कारण, लूत पर दया दिखाई। दुख की बात यह है, कि जब वो भाग रहे थे, लूत की पत्नी ने पीछे मुड़कर देखा और वह नमक का खम्भा बन गई।

जैसे ही लूत, उस छोटे से नगर में पहुँचा, आसमान से गंधक और आग बरसी और सदोम और बाकी नगरों को जो वादी में थे, नाश कर दिया। जिस छोटे से नगर में लूत गया था, बस वही सुरक्षित बचा था। अब्राहम ने लूत की सुरक्षा के लिए प्रार्थना की थी।

क्या तुम, जो दुष्ट चीज़ें हो रही हैं उनको देख और सुन पा रहे हो? यह पक्का है कि परमेश्वर लोगों के साथ बहुत ही धीरजवंत हैं, इस आशा में कि सब पाप करना छोड़ देंगे। पर क्योंकि परमेश्वर न्याय करते हैं इसलिए उनको पाप की सज़ा देनी है। यीशु हमें पाप से और उस की सज़ा से बचाते हैं।

11. याकूब और एसाव

अब्राहम के बेटे इसहाक की बड़े होकर, रिबका नाम की लड़की से शादी हुई। रिबका जब गर्भवती हुई, तो वो बहुत परेशान थी क्योंकि उसे ऐसा लगता था कि उसके अंदर दोनों बच्चे कुश्ती लड़ रहे हों। जब उसने यह बात परमेश्वर से पूछी, तो परमेश्वर ने उसे यह उत्तर दिया कि 'तुम्हारे दोनों बच्चे, एक दूसरे से बहुत अलग हैं, और बड़ा बेटा छोटे की सेवा करेगा'। जबकि परिवार का बड़ा बच्चा घर का बड़ा माना जाता था और आगे चलकर परिवार को संभालता था। फिर उनके जुड़वा बच्चे एसाव और याकूब हुए।

पहला जो बेटा पैदा हुआ उसका नाम एसाव रखा, जो लाल रंग का था और उसके शरीर पर बहुत बाल थे। उसके बाद याकूब पैदा हुआ। जब लड़के बड़े हुए, तो एसाव शिकारी बना, और याकूब घर पर रहकर मां से खाना बनाना सीखता था।

एक दिन याकूब दाल पका रहा था, तो एसाव जंगल से थका हुआ घर आया और वो भूखा भी था। उसने याकूब से जल्दी दाल खाने के लिए माँगी क्योंकि वह भूख से मरा जा रहा था। याकूब ने कहा, 'पहले मुझे अपने पहलौठा होने का अधिकार दे'। पहलौठे का अधि ाकार तो पहले बेटे का होता है। जिसको माता पिता के मरने के बाद उनकी संपत्ति व धन का आधे से ज्यादा हिस्सा मिलता है। एसाव ने अपना पहिलौठा होने का अधिकार याकूब को खाने के पीछे बेच दिया।

जब इसहाक बूढ़ा हो गया तो उसकी आंखें ऐसी धुंधली हो गई थीं कि वो देख भी नहीं सकता था। वह अपने मरने से पहले, अपने बेटे एसाव को आशीर्वाद देना चाहता था। इसलिए उसने एसाव को शिकार करके, उसके लिए अच्छा खाना बनाने को कहा। रिबका ने यह बात सुन ली, और उसने याकूब को दो बकरियाँ लाने को कहा ताकि वह अच्छा खाना बना कर याकूब के हाथ से उसके पिता के पास भेजे और धोखा देकर एसाव को मिलने वाले आशीर्वाद को छीन ले।

इस पर याकूब ने कहा, 'पर माँ, एसाव के शरीर पर बहुत बाल हैं। जब पिता मुझे छूएँगे तो उन्हें पता चल जाएगा कि मैं उन्हें धोखा दे रहा हूँ'। उसकी माँ ने कहा, कि वो उसे एसाव के कपड़े पहना देगी। उसके हाथों और गर्दन पर बकरी की खाल को लपेट देगी। इस तरह याकूब, एसाव बनकर अपने पिता से मिलने गया।

याकूब ने अपने पिता के पास जा कर कहा, कि 'हे मेरे पिता, मैं एसाव हूँ, आपके लिए वैसा ही खाना लाया हूँ जैसा आप चाहते थे ताकि आप मुझे आशीर्वाद दें। याकूब अपने पिता से झूठ बोल रहा था। उसके पिता ने कहा, 'पास आ ताकि मैं तुझे छू सकूँ और यह जान लूँ कि तू ही एसाव है'। फिर इसहाक ने याकूब के हाथों को छुआ और बोला, 'तेरी आवाज़ याकूब जैसी लगती है लेकिन तेरे हाथ एसाव जैसे हैं। क्या तू वाकई में एसाव ही है'? और याकूब ने फिर से अपने पिता से झूठ बोला।

इसहाक ने खाना खाने के बाद कहा, 'आ और मुझे चूम'। जब याकूब उसे चूमने को गया, तो इसहाक ने उसके कपड़े सूंघे ताकि पहचान सके कि वो ही एसाव है। और उसने याकूब को आशीर्वाद दे दिया।

उसके थोड़ी देर के बाद ही एसाव भी अपने पिता के लिए खाना बना कर लाया। उसके पिता ने पूछा, 'तू कौन है'? 'मैं हूँ ,आपका बेटा एसाव। मैं यहाँ अपना आशीर्वाद लेने आया हूँ।' इसहाक को पता चल गया कि उसको धोखा दिया गया था। एसाव रोने लगा, 'मुझे भी आशीर्वाद दो पिता! 'उसके पिता ने दु ख से बोला, 'अब कोई आशीर्वाद नहीं बचा'। लेकिन बाद में इसहाक ने कुछ और आशीषें एसाव को भी दीं।

यह कहानी याद दिलाती है कि हमें झूठ नहीं बोलना और परिवार में पक्षपात नहीं करना चाहिए। परमेश्वर ने अपने पुत्र यीशु मसीह को एक आशीष बना कर हमें दिया है और हमें उनका किसी भी कीमत पर सौदा नहीं करना चाहिए।

अपने लाभ के लिए कहीं तुम भी तो अपने परिवार वालों को कोई धोखा नहीं दे रहे हो? यह पाप है।

12. याकूब का सपना

अब्राहम के बेटे इसहाक से, धोखे से जब आशीर्वाद छोटे बेटे याकूब को दिलवाया गया, उसके बाद बड़ा बेटा एसाव बहुत गुस्सा हुआ। उसने याकूब को जान से मारने की धमकी दी। तो रिबका ने याकूब को घर छोड़कर चले जाने को कहा, जब तक कि एसाव का गुस्सा शांत न हो जाए। इसलिये याकूब एक लम्बा सफर करके अपनी माँ के परिवार वालों के घर चला गया।

सफर के समय, याकूब खुले आसमान के नीचे सोया था। रात के समय उसने अपने सर के नीचे तकिए की जगह, एक बड़ा सा पत्थर लगा लिया। उसने सपने में एक लम्बी सी सीढ़ी देखी, जो स्वर्ग तक जाती थी। स्वर्ग तो वह जगह है, जहाँ परमेश्वर रहते हैं। फिर उसने परमेश्वर के स्वर्गदूत देखे, जो सीढ़ी पर चढ़ उतर रहे थे।

परमेश्वर ने, जो सीढ़ी के ऊपर खड़े थे, याकूब से कहा 'मैं यहोवा, अब्राहम और इसहाक का परमेश्वर हूँ। यह भूमि मैं तुझको और तेरे वंश को दूंगा। और तेरा वंश भूमि की धूल के किनकों के समान बहुत होगा।'

परमेश्वर ने याकूब से कहा कि उसके वंश के द्वारा पृथ्वी के सारे कुल आशीष पाएंगे। परमेश्वर ने वायदा किया कि वह उसके परिवार की रक्षा करेंगे और फिर उसे इस देश में लौटा ले आएंगे। जब याकूब की नींद खुली तो उसने जाना कि परमेश्वर वहाँ पर उसके साथ थे। वो परमेश्वर की उपस्थिति और सामर्थ से डर गया और कहा, 'यह जगह कितनी अदभुत है! यह परमेश्वर का घर है, और यह स्वर्ग का दरवाज़ा है।'

याकूब ने उस पत्थर को, जिसको उसने तकिये के समान

लगाया था, सही से रखा और उस पर तेल उड़ेला। वो पत्थर याकूब के लिए एक निशान बन गया, जो उसको उसके सपने की और परमेश्वर ने उससे जो वायदे किए, उनकी याद दिलाए। उसने इस जगह को 'बेतेल' नाम दिया, जिसका मतलब है 'परमेश्वर का घर'।

हज़ारों साल बाद, जो सीढ़ी याकूब ने देखी थी उसके बारे में यीशु ने कहा कि, यीशु ही वह सीढ़ी हैं, वही र्माग हैं, जिससे हम परमेश्वर तक पहुँच सकते हैं।

क्या तुम भी अपने जीवन के लिए परमेश्वर की आशीषों को जानना चाहोगें?

13. यूसुफ की कहानी

इसहाक के छोटे बेटे याकूब की शादी हुई और उसके बारह बेटे हुए। छोटे बेटों में से एक का नाम यूसुफ था। जब यूसुफ सत्रह साल का था, तो उसके लिए याकूब ने एक सुंदर सा, रंग–बिरंगा अंगरखा बनवाया। यूसुफ के बड़े भाइयों ने जब यह देखा, तो उनको जलन हुई।

एक दिन यूसुफ ने एक सपना देखा, जो उसने अपने भाइयों को बता दिया। उसके सपने में, पूरा परिवार खेत में पूलें बांध रहा था। जब एकदम से यूसुफ का पूला उठ खड़ा हुआ, बाकी सब के पूलों ने उसके पूले को घेर लिया और उसके पूले के सामने झुक गए। इस पर भाइयों ने चिढ़ते हुए एक दूसरे को

देखा, तभी यूसुफ ने एक और सपना बताया कि सूरज, चाँद और ग्यारह तारे उसके सामने झुक रहे हैं।

अब तो यूसुफ के भाइयों को लगा, कि वो अपने आप को उनसे अच्छा मानता है। भाइयों ने सोचा कि वो कभी भी यूसुफ के आगे नहीं झुकेंगे। जब यूसुफ ने अपने सपनों के बारे में अपने पिता को बताया, तो याकूब को बहुत अजीब लगा। क्योंकि इसका मतलब था कि सूरज, चाँद और तारे यूसुफ के पिता, माँ और भाई हैं, जो एक दिन यूसुफ के सामने झुकेंगे।

कुछ दिनों के बाद याकूब ने यूसुफ को उसके भाइयों को देखने भेजा, जो कहीं दूर भेड़ों को चरा रहे थे। जब भाइयों ने यूसुफ को आते देखा तो उसे मारने की योजना बनाई। फिर रुबेन, जो बड़ा भाई था, उसने उनसे विनती की, कि वो उसकी जान न लें। उसने कहा कि यूसुफ को गड्ढे में फेंक दो। उसने सोचा था कि वो बाद में आकर, जब बाकी भाई जा चुके होंगे, तो यूसुफ को बचा लेगा।

यूसुफ के भाइयों ने उसका रंग–बिरंगा अंगरखा ले लिया और उसको एक गड्ढे में फेंक दिया। जब वहाँ से कुछ व्यापारी मिस्र को जा रहे थे तब उन्होंने, यूसुफ को गुलाम बनाकर व्यापारियों को बेच दिया। उस समय रुबेन वहाँ नहीं था पर बाद में जब वह गड्ढे पर आया, तो यूसुफ को वहाँ न पा कर बहुत परेशान हुआ। उन व्यापारियों ने यूसुफ को आगे पोतीपर नाम के बड़े प्रभावशाली आदमी को बेच दिया था, जो मिस्र के राजा फ़िरौन का हाकिम और प्रधान था।

यूसुफ के भाइयों ने उसका रंग–बिरंगा अंगरखा लिया और उसे जानवर के खून में डूबा कर, पिता के पास ले गए। याकूब बहुत रोया, यह समझ कर कि किसी जानवर ने यूसुफ को मार दिया है, वो बहुत दुखी रहा और फिर कभी खुश न हो सका।

पोतीपर ने उसे अपनी मदद करने वाला बनाया और जो कुछ भी उसका था, देख रेख के लिए, यूसुफ को सौंप दिया। पर पोतीपर की पत्नी बुरी थी और उसने यूसुफ के बारे में, अपने पति से झूठ बोला, इसलिए पोतीपर ने यूसुफ को जेल में डाल दिया।

जेल में भी परमेश्वर यूसुफ के साथ थे। जेल के दरोगा ने यूसुफ को सारे कैदियों के ऊपर देखभाल के लिए ठहरा दिया। वह कभी भी परेशान नहीं हुआ क्योंकि परमेश्वर उसके साथ थे और हर काम को सही तरीके से करने में सहायता करते थे।

कुछ समय बाद जेल में फिरौन का पिलाने वाला और रोटी बनाने वाला, वहाँ भेजे गए। एक रात दोनों ने सपना देखा। उन्होंने अपने सपने यूसुफ को बताए और यूसुफ ने पिलाने वाले को बताया कि वो जल्दी ही जेल से छूट जाएगा। यूसुफ ने उससे विनती की, 'फिरौन को मेरे बारे में बता देना और उनसे कहना कि मुझे यहाँ से निकालें।' जब राजा को पिलाने वाला जेल से बाहर आया तो, जो यूसुफ ने उसके लिए किया था, वो भूल गया।

कई बार परमेश्वर हमसे, हमारे जीवन के बारे में, सपनों के द्वारा भी बातें करते हैं। क्या तुम उनकी आवाज़ पहचानते हो? वह जो कहते हैं, उसे करते भी हैं।

14. यूसुफ मिस्र देश का अधिकारी बना

याकूब का खोया हुआ पुत्र यूसुफ, मिस्री जेल में कई सालों तक रहा, जबकि उसने कुछ गलत नहीं किया था। मिस्र का राजा जो 'फिरौन' कहलाता था, उसने एक रात एक सपना देखा, और कोई भी उसका मतलब उसे नहीं समझा सका। तब फिरौन के पिलाने वाले को, यूसुफ की याद आई, जिसने जेल में उसके सपने का मतलब बताया था, और उसके साथ वैसा ही हुआ और वो वापस राजा की सेवा में लाया गया। जैसे ही उसने फिरौन को यह बताया, उसने यूसुफ को बुलवाया।

फिरौन ने यूसुफ से पूछा, कि क्या वो उसके सपने का मतलब बता सकता है। यूसुफ ने कहा कि वो खुद तो नहीं बता सकता, पर परमेश्वर की मदद से ही बताएगा। राजा ने अपना सपना उसे बताया, परमेश्वर की सहायता से यूसुफ को उसका मतलब समझ में आया। उसने फिरौन से कहा कि परमेश्वर उसे आने वाली परेशानी के बारे में चेतावनी दे रहे हैं। 'आने वाले सात सालों तक अच्छी फसल होगी, और उसके बाद के सात सालों में न बारिश होगी और न अनाज उगेगा। अकाल पड़ेगा।

राजा के होश उड़ गए। पर यूसुफ के पास परमेश्वर की ओर से एक योजना थी। उसने समझाया कि, पूरे मिस्र को, जो सात सालों की अच्छी उपज है, हर साल में बचानी होगी तभी उनको, उन सालों में जब सूखा पड़ेगा, खाना मिल पाएगा।

फिरौन, यूसुफ से हैरान हुआ और उसने उसे पूरे मिस्र देश की देखभाल का काम दे दिया। बाद में लोग अलग–अलग देशों से यूसुफ के पास अनाज खरीदने आए, क्योंकि सब जगह लोगों को अनाज चाहिए था। यूसुफ के भाई भी अनाज खरीदने को आए। उसने अपने भाइयों को पहचान लिया, लेकिन वे उसे बाईस सालों के बाद नहीं पहचान पाए।

उसके सभी भाइयों ने झुक कर, उसे दण्डवत किया (जैसे उसके सपने में था) ,क्योंकि वो अब बहुत बड़ा आदमी बन गया था । यूसुफ ने, चोरी का झूठा दोष लगा कर अपने सबसे छोटे भाई बिन्यामीन को जेल में डाल कर भाइयों के हृदय को देखना चाहा। बिन्यामीन याकूब का सबसे प्यारा बेटा था, ऐसा करके यूसुफ यह देखना चाहता था कि जैसे उसके भाई उससे जलन रखते थे तो क्या वो इस भाई से भी जलन रखते हैं। लेकिन उनमें से एक भाई यहूदा ने बिन्यामीन की सज़ा के लिए खुद को देना चाहा। उससे यूसुफ ने जान लिया कि उसके भाइयों का दिल बदल चुका था। तब वह उन्हें यह बता सकता था, कि वह उन्हीं का भाई यूसुफ है।

युसूफ यह भी जानना चाहता था, कि उसका पिता अभी भी जीवित है, कि नहीं? और क्योंकि उसके भाई उससे डरते थे, तो यूसुफ ने उन्हें अपने पास बुलाया और बताया कि वो यूसुफ है और यह भी कि, वह उनसे अभी भी प्रेम करता है। उसने उनको बोला कि भले ही उन्होंने उसे दास बना कर बेच दिया था, इस बात से वो अपने आप पर गुस्सा न हों। उसने उन्हें समझाया कि यह परमेश्वर ही थे, जिन्होंने उसे वहाँ मिस्र में रखा, कि वे सब भूखे न रहें। फिर यूसुफ ने अपने पिता के बारे में पूछा और उस ने अपने पिता को और भाइयों और उनके परिवारों को बुलवाकर अपने साथ मिस्र में ही रखा। और वहाँ उन्हें भरपूरी से खाना मिला।

इस कहानी में हम देखते हैं कि यहूदा, यीशु के समान है, जो अपने भाई की सज़ा अपने ऊपर लेने को तैयार था। यीशु ने भी हमारे पापों की सज़ा उस क्रूस पर ली, ताकि उन में विश्वास करके एक दिन, हम अपने घर स्वर्ग में स्वर्गीय पिता के पास जा सकें।

क्या तुम अपने जीवन के कठिन समय में परमेश्वर पर भरोसा रखोगें?

15. बालक मूसा की कहानी

यूसुफ के बुलाने पर, उसके पिता याकूब का पूरा परिवार मिस्र में रहने के लिए आ गया। इन लोगों को इस्राएली कहा जाता था। दो सौ साल के बाद मिस्र में करोड़ों इस्राएली हो गये।

मिस्र देश के राजा को फिरौन बोलते थे, और अब एक नया फिरौन मिस्र में राजा बन गया। वह इस्राएलियों पर विश्वास नहीं करता था, क्योंकि उसे लगता था कि वे कहीं मिस्र के दुश्मन न हो जाएं। इसलिए उसने सारे इस्राएलियों को गुलाम बना लिया। वो उन से दिन और रात बहुत काम कराता था। मिस्री उन्हें मारते भी थे, कठोरता से उन से मेहनत भी करवाते थे।

फिर भी इस्राएलियों की गिनती बढ़ती गई, इसलिए फिरौन ने आदेश दिया, कि उनके सारे पैदा हुए बेटों को नील नदी में डूबा दिया जाए। एक इस्राएली पति-पत्नी ने अपने सुंदर से छोटे बालक को तीन महीने तक छिपा कर रखा। लेकिन बाद में जब वो बच्चे को छिपा नहीं सके, तो उन्होंने उसे एक टोकरी में बन्द कर के नील नदी में बहा दिया।

उस बालक की बड़ी बहन मरियम दूर से देख रही थी, कि उसके भाई का क्या होगा। जब फिरौन की बेटी अपनी नौकरानियों के साथ, नदी किनारे नहाने के लिए आई, उसने बड़ी घास में एक टोकरी को बहते हुए देखा। फिरौन की बेटी ने टोकरी खोली, तो वह बालक

रोने लगा। इस सुंदर बच्चे को देखते ही उसका दिल भर आया। उसने जान लिया कि वह किसी इस्राएली का बच्चा है।

मरियम जल्दी से वहाँ गई और पूछा, कि क्या उसे मदद चाहिए कि वह जाकर एक इस्राएली स्त्री को जो बच्चे को दूध पिला सके, बुला लाए? जब फिरौन की बेटी तैयार हो गई, तो मरियम ने दौड़ कर अपनी मां को बताया कि फिरौन की बेटी ने उस बच्चे को नदी में से उठा लिया है, और उसे एक ऐसी स्त्री चाहिए जो उसे दूध पिला सके। फिरौन की बेटी ने बच्चे का नाम 'मूसा' रखा इसका मतलब है, 'पानी में से निकाला गया' और उसे अपना बेटा बनाकर पालकर बड़ा किया।

क्या तुम अपने जीवन की सुरक्षा के लिए परमेश्वर पर भरोसा करोगे?

16. मूसा और जलती हुई झाड़ी

इस्राएली बालक मूसा, मिस्र के राजा, फिरौन के घराने में बड़ा हुआ। एक दिन, मूसा ने एक मिस्री को इस्राएली गुलाम को मारते देखा और उसने उस मिस्री को जान से मार दिया। उसके बाद मूसा को मिस्र से भागना पड़ा, क्योंकि यह बात फिरौन को पता चली और वह उसे मारना चाहता था।

वहाँ से भाग कर मूसा, मिद्यान नाम की जगह पर पहुँचा। वो एक कुएं के पास आकर आराम करने लगा। तभी वहाँ भेड़ों को चराती हुई सात बहनें उन्हें पानी पिलाने आईं। बाद में कुछ भेड़ चराने वाले आदमी भी वहाँ आए। जिन्हों ने अपनी भेड़ों को पहले पानी पिलाने के लिए, उन लड़कियों को वहां से हटा दिया। लेकिन मूसा ने उन बुरे चरवाहों को सामने आकर रोका और उनकी बारी के लिए रुका कर, पहले इन लड़कियों की भेड़ों को पानी पिलाया।

घर पहुँच कर उन लड़कियों ने अपने पिता को बताया कि किस तरह एक मिस्री ने उन की सहायता की। उनके पिता ने मूसा को खाने पर घर बुलवाया। उसके बाद मूसा वहीं रहा फिर उसकी उनमें से एक बहन, जिसका नाम सिप्पोरा था, उससे शादी हुई। इस तरह मूसा चरवाहा बन गया। कई सालों के बाद, मिस्र के फिरौन की मौत हो गई, लेकिन इस्राएली लोग तब भी गुलाम थे। उन्होंने सहायता के लिए परमेश्वर से प्रार्थना की, और परमेश्वर ने उनकी प्रार्थना सुनी।

एक दिन जब मूसा बाहर, भेड़ों को चरा रहा था, तब उसने एक जलती हुई झाड़ी देखी। यह झाड़ी जल रही थी पर भस्म नहीं हुई। मूसा जब उसे और करीब से देखने गया तो, परमेश्वर ने मूसा का नाम लेकर, उससे बात की।

परमेश्वर ने कहा कि वो अपनी जूतियाँ उतार दे, क्योंकि वो परमेश्वर के सामने उनकी उपस्थिति में था। परमेश्वर ने कहा कि वो उसके "पिता के परमेश्वर, अब्राहम के परमेश्वर, इसहाक के परमेश्वर और याकूब के परमेश्वर हैं।" परमेश्वर ने उसको समझाया कि उन्होंने अपने लोगों के सारे दुखों को देखा है और उनकी प्रार्थनाएं भी सुनी है। परमेश्वर उन्हें उनकी गुलामी से छुड़ाना चाहते थे और जिस अच्छे देश के बारे में अब्राहम से वायदा किया था, वहाँ लाना चाहते थे। इस काम को करने के लिए परमेश्वर ने मूसा को, इस्राएलियों को फिरौन से आज़ाद कराने के लिए चुना था।

परमेश्वर ने मूसा को जब अपनी लाठी ज़मीन पर फेंकने को बोला, उसकी लाठी साँप बन गई। मूसा उछलकर उसके रास्ते से हट गया। तब परमेश्वर ने मूसा से कहा, कि वो उसकी पूंछ पकड़कर उसे उठा ले। मूसा ने जल्दी से उसकी पूंछ पकड़ी और वो फिर से उसकी लाठी बन गई। इस तरह परमेश्वर मूसा को चिन्ह दिखाते रहे, जो वो लोगों को दिखा सके ताकि, वह विश्वास कर सकें कि परमेश्वर ने ही उन्हें भेजा है।

मूसा में विश्वास की कमी की वजह से, उसने परमेश्वर से कहा, कि वो बोलने में अच्छा नहीं है। इसलिए वह नहीं जा सकता। परमेश्वर को मूसा का बहाना अच्छा नहीं लगा और

गुस्सा आया। अंत में परमेश्वर ने मूसा से कहा कि उसका भाई हारून उसके साथ जायेगा। इस तरह वे दोनों साथ में जायेंगे और हारुन बोलने में मदद करेगा।

जब परमेश्वर हमसे कुछ करने के लिए बोलते हैं, तो हमको बिना बहस के उस काम को करना चाहिए। परमेश्वर हमारे बहानों से खुश नहीं होते।

17. मूसा की फिरौन से मुलाकात

परमेश्वर ने, मूसा और उसके भाई हारून को, इस्राएलियों को मिस्र की गुलामी से आज़ाद कराने के लिए बुलाया था। जब मूसा और उसका भाई हारून मिस्र पहुँचे, तो परमेश्वर ने उनको फिरौन के पास जाने को कहा और यह कहने को कहा कि वो इस्राएलियों को छोड़ दे। परमेश्वर ने उन्हें बता दिया था, कि फिरौन आसानी से लोगों को नहीं जाने देगा और उनको रिहा करने से पहले बहुत से चिन्ह और चमत्कार दिखाने होंगे। इसके द्वारा सारा संसार जान लेगा कि सच्चा परमेश्वर कौन है।

ठीक फिरौन के सामने हारून ने अपनी लाठी फेंकी और वो साँप बन गई। फिरौन को कोई फर्क नहीं पड़ा। उसने अपने जादूगरों को बुलाया और उन्होंने भी अपनी लाठियाँ नीचे फेंकी, तो वो भी साँप बन गई जैसे मूसा और हारुन की बनी थीं। पर आखिरी बात तो परमेश्वर के हाथ में ही होती है। मूसा के

साँप ने उनके सारे साँपों को खा लिया। इससे भी फिरौन को कोई फर्क नहीं पड़ा। उसका हृदय और कठोर हो गया।

मूसा और हारुन बहुत उदास हुए, लेकिन परमेश्वर ने तो पहले ही उन्हें बताया था, कि यह आसान नहीं होगा। जल्दी परमेश्वर ने मूसा से फिर से बात की। उन्होंने मूसा को कहा कि फिरौन का दिल कठोर है, फिर भी दूसरे दिन सुबह उस के पास जाए।

बाईबल की कहानी में फिरौन 'शैतान' के समान है, जो लोगों को परमेश्वर के बारे में जानने से और उनके अद्‌भुत कामों को देखने से रोक देता है।

अगर तुम भी अपने आप को परमेश्वर के हाथ में सौंपोगे तो, वो तम्हारे द्वारा भी सामर्थ के काम कर सकते हैं।

18. दस विपत्तियाँ

परमेश्वर मूसा और उसके भाई हारून को बताते थे कि इस्राएलियों को मिस्र की गुलामी से छुड़ाने के लिए क्या करना है। एक सुबह, परमेश्वर ने हारून से कहा, कि वो फिरौन को समझाए कि अगर उसने परमेश्वर की बात नहीं मानी, तो मिस्र का सारा पानी खून में बदल जाएगा।

फिरौन को इस बात से कोई फर्क नहीं पड़ा, तो हारुन ने अपनी छड़ी पानी में डाली और नदी का सारा पानी खून बन गया। अब फिरौन थोड़ा परेशान हुआ और उसने अपने जादूगरों को बुलवाया। उन्होंने भी पानी को खून में बदल दिया। यह देखकर फिरौन का दिल कठोर हो गया और वो वापस अपने महल में चला गया। नील नदी में सारी मछलियाँ मर गई और पानी में से बहुत बदबू आने लगी। मिस्र के लोगों के पास पीने के लिए, खाना पकाने के लिए और कोई भी काम करने के लिए पानी न था।

एक हफ्ते के बाद, परमेश्वर ने हारून और मूसा को कहा, कि वे फिरौन से फिर मिलने जायें। अब उन्हें फिरौन को हुक्म देना था, कि परमेश्वर के लोगों को छोड़ दे, नहीं तो परमेश्वर पूरे देश को मेंढकों से भर कर, बुरा हाल कर देंगे। फिरौन ने एक बार फिर लोगों को न छोड़ा। हारून ने अपना हाथ मिस्र के पानी पर बढ़ाया और उसमें से मेंढक निकल पड़े। करोड़ों मेंढक सब जगह थे! मेंढक उन के सोने के कमरे में और उनके खाने में भी

थे। सब घिनौना हो गया था। फिरौन के जादूगरों ने भी ऐसा कर दिया लेकिन वे उसको वापस नहीं भेज सके।

जब ऐसे एक दिन निकल गया तो फिरौन और नहीं सह पाया, और उसने मूसा और हारुन को बुलवाया। उसने मूसा से विनती की, कि वो परमेश्वर से प्रार्थना करें कि मेंढक चले जाएं, और वो इस्राएलियों को आज़ाद कर देगा। मूसा ने प्रार्थना की और सारे मेंढक मर गए। जब फिरौन ने देखा कि सारे मेंढ़क मर गए हैं, उसने अपना दिल फिर से कठोर कर लिया और अपना मन बदल लिया।

उसके बाद और परेशानियाँ आईं; मक्खियाँ, जानवरों का मरना, लोगों के शरीर पर फोड़ों का निकलना, ओलों की बारिश : जिसने फसल ख़राब कर दी, टिड्डियों ने सारी घास खा ली और फिर तीन दिन वे लोग अँधेरे में भी रहे। हर परेशानी के साथ फिरौन ने कहा कि वो इस्राएलियों को जाने देगा, पर हर बार वो अपना मन बदल लेता था। आप सोचते होंगे कि, अब तो वो अपना सबक सीख चुका होगा।

इन सभी परेशानियों में परमेश्वर ने अपने लोगों को बचा कर रखा। सिर्फ मिस्री लोग परेशान हुए। आखिरी परेशानी, सब परेशानियों से बड़ी थी। एक ही रात में मिस्र के हर परिवार में जो सबसे पहला बेटा था, मर गया। मूसा और हारुन ने फिरौन को चेतावनी दी थी पर वो सुनने के लिए तैयार ही नहीं था। इस्राएलियों को बचे रहने के लिए, एक मेम्ने को मार कर उसके लहू अपने घरों की चौखट के सिरे पर और द्वार के दोनों ओर लगाना था। जब परमेश्वर वो लहू देखेंगे, तो उन घरों को छोड़ कर पार कर जाएंगे। इसलिए उस दिन को 'पास ओवर' या 'फसह का पर्व' कहा गया है।

परमेश्वर ने, उनसे यह दिन, हर साल मनाने को कहा। परमेश्वर उनको दिखा रहे थे कि किसी दिन, उनके पुत्र यीशु मानव जाति के लिए अपना लहू बहाएंगे ताकि उन पर जो विश्वास करे वो नरक में न जाए, परन्तु स्वर्ग जाए।

19. लाल सागर को पार करना

मूसा, जिसे परमेश्वर ने भेजा था कि वो इस्राएलियों को मिस्र की गुलामी से छुड़ाए, धीरज के साथ रुका रहा जब तक सारी परेशानियाँ मिस्र पर आयीं। आपको याद रखना चाहिए की मिस्र का राजा फिरौन चाहता तो इन परेशानियों को आने से रोक सकता था, पर वह तो सुनने के लिए तैयार ही नहीं था। दुख की बात है, कि परमेश्वर को ही उसको सबक सिखाना पड़ा और उसकी ज़िद के कारण मिस्री लोगों ने भी नुकसान उठाया।

पहली फसह की रात को, फिरौन ने उठकर पाया कि उसका पहला बेटा और मिस्र के बाकी सारे परिवारों के पहलौटे बेटे मर चुके हैं। फिरौन ने मूसा को बुलाया और उससे कहा कि वो सारे इस्राएलियों को उनके जानवरों के साथ लेकर मिस्र से निकल जाए। तो मूसा सारे इस्राएलियों को लेकर मिस्र देश से बाहर निकल गया।

लेकिन जब फिरौन ने सुना कि इस्राएली चले गए हैं, उसने अपना मन फिर से बदल लिया। उसने अपनी फौज को इकट्ठा किया कि जा कर इस्राएलियों को वापस ले आए। लोगों ने देखा कि, फिरौन उनके पीछे आ रहा है। वो परेशान हुए और मूसा से पूछने लगे, कि वो उनको लेकर, मारने के लिए, जंगल में क्यों लाया। मूसा ने उनसे कहा कि वे डरे नहीं, क्योंकि परमेश्वर ने उनको पहले भी बचाया था, और अभी भी उनको बचाएंगे।

जब इस्राएली लोग लाल सागर के पास आये तो वे वहाँ फंस गए। उनके आगे सागर और पीछे फिरौन की फौज थी। परन्तु परमेश्वर ने मूसा को उसकी लाठी पानी के ऊपर करने के लिए कहा। तभी पानी एकदम दो हिस्सों में होकर, दो ऊंची दीवारों की तरह खड़ा हो गया और बीच में सूखी ज़मीन थी। ताकि लोग उसमें से पैदल चल कर निकल सकें। जैसे

ही वे पार हुए फिरौन की सेना ने उनका पीछा किया। जब इस्राएली दूसरे किनारे पर आराम से पहुंचे, परमेश्वर ने मूसा से कहा कि वो फिर पानी पर हाथ बढ़ाए और पानी वापस बहने लगेगा। मूसा ने वैसा ही किया और पानी में फिरौन और उसकी सारी सेना डूब कर मर गई।

यह कहानी बताती है कि किस तरह यीशु अपने लोगों को आने वाले समय में लेकर चलेंगे। पाप की गुलामी के जीवन से एक नए जीवन में, जहाँ लोग परमेश्वर की आराधना आज़ादी से कर सकेंगे।

अगर तुम्हारी भी कोई समस्या है, यीशु के नाम से प्रार्थना करो, वो रास्ता निकालेंगे।

20. दस आज्ञाएं

मिस्र की गुलामी से जब मूसा इस्राएलियों को लेकर उस देश से निकला, उस समय मिस्र की सेना उनके पीछे आई तो वह लाल समुद्र में डूब गई। अब कभी भी मिस्री उन्हें परेशान नहीं कर सकते थे। जंगल में तीन महीने चलने के बाद इस्राएली सीनै पहाड़ के पास आ गये। वहाँ पर परमेश्वर मूसा से बातें करना चाहते थे। परमेश्वर ने मूसा से कहा कि लोगों को कह कि वे अपने को पवित्र करें और अपने वस्त्र धो लें और परमेश्वर की ओर से ज़रूरी बात सुनने के लिए तैयार हो जाएं।

तीसरे दिन, उस पहाड़ पर बादल गरजने लगे और बिजली चमकने लगी। सारे इस्राएली लोग बाहर आकर देखने लगे और पहाड़ पर काली घटा छा गई। पहाड़ काँप रहा था और तुरही की आवाज़ और बढ़ती गई। परमेश्वर ने मूसा से कहा था कि वह लोगों को बता दे की वे पर्वत के बहुत पास न आयें क्योंकि परमेश्वर वहाँ थे। लोग डरे हुए थे। मूसा पहाड़ पर चढ़ गया और चोटी पर पहुँचकर परमेश्वर से मिला।

परमेश्वर ने मूसा को दस आज्ञाएं दीं ताकि सब उनको मानें :

पहली आज्ञा कहती है, कि 'हम परमेश्वर को अपने जीवन में पहली जगह दें'। इसका मतलब यह है कि हमारे लिए परमेश्वर से बढ़कर और कुछ भी नहीं होना चाहिए।

दूसरी आज्ञा यह है, की 'आराधना के लिए कोई भी तस्वीर और मूरत नहीं बनानी है'।

तीसरी आज्ञा, में परमेश्वर आदेश देते हैं कि 'उनके नाम को व्यर्थ में नहीं लेना है'। कई लोग परमेश्वर का नाम कसम खाने के लिए लेते हैं या फिर जब गुस्सा होते हैं।

चौथी आज्ञा, कहती है कि 'हफ्ते के आखिरी दिन लोग आराम करें' वैसे ही जैसे परमेश्वर ने किया था, इस दुनिया को बनाने के बाद।

पांचवी आज्ञा, 'माता पिता का आदर करना'।

छठी आज्ञा के अनुसार, 'हमें किसी का खून नहीं करना है'।

सातवीं आज्ञा में, 'व्यभिचार न करना'। विशेष कर जिनकी शादी हो चुकी है, वे अपने जीवन साथी से ही सच्चाई से प्रेम करें और उसके प्रति विश्वासयोग्य रहें।

आठवीं आज्ञा यह है, कि 'चोरी न करें' किसी दूसरे की कोई भी चीज़ जो आपकी नहीं है, न लें। इसे चोरी कहते हैं।

नौंवी आज्ञा कहती है, 'झूठ न बोलना'। परमेश्वर सब कुछ देखते और सुनते हैं और उन्हें यह भी पता है कि हम कब झूठ बोल रहे हैं। झूठ बोलना पाप है और जो लोग ऐसा करते हैं वे र्स्वग नहीं जा सकेंगे।

आखरी में दसवीं आज्ञा यह है, कि 'दूसरे लोगों की चीज़ों पर मन नहीं लगाना चाहिए कि वो हमें मिले। इस पाप को परमेश्वर लालच कहते हैं।

परमेश्वर सच में चाहते हैं कि तुम उनके वचनों को मानो और अगर, तुम ऐसा करोगे तो बुद्धिमान होगे। कभी—कभी परमेश्वर का कहा मानना आसान नहीं होता, लेकिन अगर प्रार्थना करो तो यीशु तुम्हें आज्ञा मानने की शक्ति देंगे।

21. सोने का बछड़ा

मिस्र की गुलामी से निकलकर, इस्राएली लोग सबसे पहले सीनै पर्वत के पास आकर रुके। चालीस दिन और रात, मूसा सीनै पर्वत पर परमेश्वर के साथ ही रहा। इस्राएली परेशान, बेचैन होने लगे और मूसा के भाई हारून के पास गए कि उससे कहें कि उन के लिए एक देवता बनाएं, जिसे वे देख सकें। उन्हें लगने लगा था कि मूसा अब वापस नहीं आएगा। हारून ने लोगों के कानों से सोने की बालियाँ उतरवाईं, उन्हें पिघलाकर उसमें से सोने का बछड़ा बनाया। लोग बहुत खुश हुए और उन्होंने उस पर बलि चढ़ाई। और सब लोगों ने वहाँ खाया पिया, और उसके सामने नाचे।

जब इस्राएली यह कर रहे थे, परमेश्वर ने उन्हें देखा। वो गुस्सा हुए और मूसा को कहा कि वो एकदम अपने लोगों के पास उतर कर नीचे जाए। परमेश्वर उनको नाश करने के लिए तैयार थे। मूसा ने परमेश्वर से विनती की, कि वो अपने लोगों से इतना नाराज़ न हों। उसने परमेश्वर को वो वायदा याद दिलाया जो उन्होंने अब्राहम, इसहाक और याकूब से किया था। परमेश्वर ने यह वायदा किया था कि उनके बच्चों के बच्चे उस देश में रहेंगे। परमेश्वर ने मूसा की सुनी और लोगों को नाश नहीं किया बल्कि क्षमा किया।

मूसा वो दस आज्ञाएं लेकर नीचे आया, जो परमेश्वर ने पत्थर की दो तख्तियों पर लिखी थीं। जब उसने सोने का बछड़ा देखा और देखा कि लोग उसके सामने नाच रहे थे, मूसा को गुस्सा आया। उसने दोनों तख्तियों को ज़मीन पर फेंक कर तोड़ दिया और सोने के बछड़े को आग में जला दिया।

मूसा अपने भाई हारुन से बहुत गुस्सा था कि उसने सोने का बछड़ा क्यों बनाया। हारुन ने लोगों को गहरे पाप में डाल दिया। हारुन ने लोगों पर दोष लगाया। फिर उसने मूसा से झूठ भी बोला, कि जब उसने सोने को आग में फेंका तो उस आग में से एक बछड़ा बन कर निकल आया।

मूसा जानता था कि परमेश्वर अभी भी नाराज़ हैं उसने इस्राएलियों को उन का पाप याद दिलाया और कहा कि वह वापस पहाड़ पर जाएगा और परमेश्वर से कहेगा कि उन लोगों को क्षमा करें।

इस तरह, यीशु भी पिता से हमारे पापों के लिए क्षमा माँगते हैं।

22. बारह भेद लेने वाले

मिस्र की गुलामी से निकलने के बाद, इस्राएलियों ने बहुत लम्बे समय तक यात्रा की। आखिर में वो कनान देश की सीमा पर जा पहुँचे। कनान वही देश था जहाँ परमेश्वर उन्हें लाना चाहते थे। परमेश्वर के कहने पर मूसा ने इस्राएल के घराने में से एक-एक प्रधान चुन कर, बारह भेद लेने वाले पुरुषों को भेजे कि वे उस देश के बारे में जाकर पता करें और वहाँ का फल भी लाएं।

चालीस दिनों के बाद वे वापस आए तो, उनमें से दो जन अँगूरों के गुच्छे तोड़कर, लाठी पर लटका कर लाए। बारह में से दस भेदिये डरपोक थे। उन्होंने कहा कि, कनान के लोग बहुत बलवंत हैं और उनके नगर की दीवारें बहुत मज़बूत हैं। बाकी के दो भेदिये कालिब और यहोशू थे, उन्होंने कहा कि परमेश्वर की सहायता से वे कनान को आसानी से अपना कर लेंगे।

इस्राएली लोग बाकी दस भेद लेने वालों की कहानियों से डर गए। उन्होंने मूसा से कहा कि उनको तो मिस्र में ही मर जाना चाहिए था! वो एक नया प्रधान चुनना चाहते थे ताकि वापस मिस्र जा सकें।

यहोशू और कालिब बोले, 'यह देश बहुत अच्छा है, और परमेश्वर इसे हमें देने जा रहे हैं। डरो मत! परमेश्वर हमारे साथ हैं।' मूसा ने एक ख़ास तम्बू बनाया जिसे 'मिलाप वाला तम्बू' कहते थे। जहाँ वो परमेश्वर से मिलता था। परमेश्वर की महिमा उस जगह उतर आई और

परमेश्वर ने मूसा से कहा, 'कब तक यह लोग मुझ पर विश्वास नहीं करेंगे?' जबकि उन्होंने परमेश्वर के अद्भुत कामों को देखा है।

परमेश्वर ने सोच लिया था कि वो लोगों को चालीस सालों तक जंगल में रखेंगे, यह उनकी सज़ा होगी। चालीस सालों के अन्त में, सिर्फ उनके बच्चे ही जीवित होंगे। यानि बीस साल और उससे बड़ी उम्र वाले कोई भी जन सिवाए कालिब और यहोशू के, कनान देश को नहीं देख पाएंगे। क्योंकि केवल इन दोनों ने ही परमेश्वर पर विश्वास किया था।

जो परमेश्वर ने कहा, मूसा ने इस्राएलियों को बताया, और वह रोये। वे दस डरपोक भेद लेने वाले, अचानक से बीमार पड़े और मर गए। अगली सुबह लोगों ने कहा, 'अब हमें पता चल गया है कि हमने पाप किया है। अब हम उस देश में जाएंगे, जहाँ परमेश्वर ने कहा था।' पर परमेश्वर ने उनकी सहायता नहीं की और उनको अपनी योजना छोड़नी पड़ी।

इसलिए इस्राएली वापस जंगल में लौटे, जहाँ वो चालीस सालों तक भटक रहे थे। जितने भी उम्र में बड़े लोग थे, जो मिस्र से निकले थे उनकी मृत्यु हो गई। तब भी परमेश्वर इस्राएलियों के साथ थे और उनकी ज़रूरतों को पूरी कर रहे थे। उनके कपड़े और उनके जूते फटे नहीं, और परमेश्वर ने उनको रोज़ स्वर्ग से 'मन्ना' {सफेद रोटी} और बटेर बरसा कर खिलाई। जिसे उनको रोज़ बटोरना था। अगले दिन परमेश्वर फिर बरसाते थे। चालीस सालों तक रोज़ ऐसा ही हुआ।

परमेश्वर ने वायदा किया है कि वो हमारे साथ होंगे, हमें बचाएंगे और हर दिन हमारी ज़रूरतें पूरी करेंगे। आज तुम परमेश्वर पर किस चीज़ के लिए भरोसा कर सकते हो?

23. बिलाम की गदही

इस्राएली चालीस सालों तक जंगल में भटके क्योंकि उन्होंने परमेश्वर पर भरोसा नहीं किया था। वायदे के देश कनान में जाने से पहले, वे यरदन नदी के किनारे, मोआब देश के पास रहने लगे।

मोआब देश के राजा का नाम बालाक था। अपने देश के पास इतने ढेर सारे इस्राएलियों को देखकर वो घबरा गया था। क्योंकि उसने सुना था कि उन लोगों ने और राजाओं के साथ क्या किया, क्योंकि परमेश्वर उनके साथ थे।

उसने बिलाम को बुलवाया, जो परमेश्वर की आवाज़ सुनकर, उनकी इच्छा लोगों को बताता था। बालाक राजा ने उसे बहुत से उपहार भिजवाये और जल्दी से मोआब आने की विनती की। वह राजा चाहता था कि बिलाम, इस्राएलियों को श्राप दे, ताकि वो उनको हरा सके। उनको लगता था कि, बिलाम कुछ भी करने के लिए परमेश्वर को मना लेगा।

न चाहते हुए भी परमेश्वर ने बिलाम को मोआब जाने दिया। बिलाम यह बात जानता था कि वो, वही बोल सकता है जो परमेश्वर उसे बोलने देगें।
जब वो रास्ते में था, तो परमेश्वर का स्वर्गदूत, हाथ में तलवार लिए उसका रास्ता रोक कर खड़ा हो गया था।

बिलाम उस स्वर्गदूत को नहीं देख सका, लेकिन उसकी गदही देख रही थी, इसलिए वो मुड़कर खेत में चली गई। बिलाम ने गदही को मारा, कि वह मार्ग पर फिर आ जाए।

फिर वह स्वर्गदूत एक ऐसे स्थान पर खड़ा हुआ जहाँ दोनों तरफ दीवारें थी। तब गदही ने ऊपर देखा कि स्वर्गदूत की तलवार निकली हुई थी। गदही दीवार में ऐसी सट गई कि बिलाम का पाँव दीवार से दब गया। तब बिलाम ने उसे फिर मारा।

स्वर्गदूत अब मार्ग में बढ़कर, एक ऐसे स्थान में खड़ा हुआ, जहाँ दोनों तरफ हटने की भी जगह नहीं

थी। स्वर्गदूत को देखकर, गदही बिलाम को लिये हुए बैठ गई। बिलाम को अब तो और भी गुस्सा आया और उसने लाठी उठाकर गदही को मारा। तब परमेश्वर ने गदही का मुँह खोल दिया और वह बिलाम से कहने लगी, 'तूने मुझे तीन बार क्यों मारा'?

बिलाम ने उससे चिल्ला कर कहा, 'क्योंकि तूने मेरे साथ नटखटी की है।' 'अगर इस छड़ी की जगह मेरे हाथ में तलवार होती, तो मैं तुझे अभी मार डालता'। गदही बोली, 'क्या मैंने ऐसा पहले कभी किया है'? बिलाम ने कहा, 'नहीं तो, कभी नहीं।' तब बिलाम की आँखें खुलीं और उसने परमेश्वर के स्वर्गदूत को, तलवार के साथ मार्ग में खड़ा देखा और बिलाम उसके सामने झुक गया।

स्वर्गदूत बोला, 'तूने अपनी गदही को तीन बार क्यों मारा? अगर यह गदही न होती, तो मैं तुझे मार डालता और इसे जीने देता'।

बिलाम ने कहा, 'अगर तू नहीं चाहता कि मैं मोआब जाऊं, तो मैं लौटकर अपने घर चला जाता हूँ।'

तब स्वर्गदूत ने कहा, 'नहीं' तू जा सकता है पर ध्यान रखना। बस वही बोलना, जो मैं तुझे बोलने को कहूँ'। जब बिलाम मोआब आया, परमेश्वर ने उसे इस्राएल को आशीष देने को कहा।

हमें भी दूसरों को केवल आशीष ही देना चाहिए, श्राप नहीं।

24. राहाब

इस्राएलियों के लिए मूसा एक महान अगुवा था, जो उन्हें मिस्र देश की गुलामी से तो छुड़ा लाया था। लेकिन परमेश्वर ने उसको और बाकी सब लोगों को जिन्होंने परमेश्वर पर विश्वास नहीं किया था, वायदा किये हुए देश कनान में, आने नहीं दिया। जब इस्राएल के जंगल में भटकने का समय खत्म ही होने वाला था, तो मूसा की मौत हो गई। परमेश्वर ने मूसा के सेवक यहोशू को कहा, कि अब वो उस वायदे के देश में लोगों को लेकर जाए।

कनान देश में घुसने के लिए, यहोशू लोगों को तैयार करने लगा। उसने सबसे पहले अपने दो भेदियों को नदी पार कर उस देश के बारे में जानने के लिए भेजा। वे यरीहो नगर में घुसकर, एक पापी स्त्री, राहाब के घर पहुँचे। यरीहो के राजा को जब यह पता चला, कि

कुछ भेदी उनके नगर में आए हैं, तो उसने राहाब को एक संदेश भेजा कि, उसके घर में जो आदमी ठहरे हुए हैं, वह उन्हें अपने घर से बाहर निकाले।

लेकिन राहाब ने उन भेदियों को अपने घर की छत पर गेहूँ के बोरों के नीचे छिपा दिया। राहाब ने इन भेदियों से कहा, कि यरीहो के लोग डरे हुए हैं क्योंकि परमेश्वर ने तुम लोगों को यह देश दे दिया है। उन्होंने सुना है कि परमेश्वर ने मिस्र से निकलने के समय किस तरह लाल समुद्र का जल इनके लिए सुखा दिया था। राहाब ने भेदियों से विनती की, कि उसको और उसके परिवार को वो बचा कर रखें। उन्होंने उससे कहा कि जब इस्राएल, यरीहो पर हमला करेगा तब उसे और उसके परिवार को कुछ नहीं होगा। लेकिन उसको एक लाल कपड़ा अपनी खिड़की पर बांधना होगा ताकि, वो उसके घर को पहचान सकें और यह भी कि, अपने परिवार को अपने पास रखे।

राहाब एक पापी स्त्री थी, पर परमेश्वर ने उसे बचाकर, अपने चुने हुए लोगों में ले लिया, क्योंकि उसने परमेश्वर पर विश्वास किया और पाप करना छोड़ दिया।

जो लोग, परमेश्वर के पुत्र 'यीशु मसीह' में विश्वास करते हैं, और पाप करना छोड़ देते हैं, उनको परमेश्वर आज भी राहाब कि तरह बचाते हैं। वो एक दयालु और क्षमा करने वाले परमेश्वर हैं।

भेदियों ने लौटकर जो कुछ हुआ, यहोशू को बताया। उन्होंने कहा, 'यह सच है, परमेश्वर ने यह देश हमें दे दिया है। वे लोग हम से डरे हुए हैं।

तब यहोशू लोगों को यरदन नदी पार करा कर कनान देश में ले गया और वे यरीहो की ओर बढ़े। जैसे ही इस्राएली लोग कनान में घुसे तो जो 'मन्ना', चालीस सालों से रोज़ उन्हें मिलता था और वो खा रहे थे, आसमान से आना बंद हो गया।

अगर तुम भी, परमेश्वर के लोगों की सहायता करोगे तो वह तुम को और तुम्हारे परिवार को सुरक्षित रखवेंगे।

25. यरीहो

मूसा के बाद इस्राएल का नया अगुवा यहोशू था। जब वो इस्राएल को कनान देश में ले आया, यहोशू ने यरीहो की ओर देखा और पाया कि एक आदमी हाथ में तलवार लिए खड़ा है। यहोशू ने उसके पास जाकर पूछा, 'क्या तू हमारी ओर का है या हमारे दुश्मन की ओर का' ?

उस आदमी ने जवाब दिया, 'नहीं, मैं यहोवा की सेना का प्रधान होकर अभी आया हूँ'। तब यहोशू ने मुँह के बल गिर कर उसको दण्डवत किया। परमेश्वर ने यहोशू से कहा, 'मैंने तुझको यरीहो, उसका राजा और उसकी सेना दे दी है'। फिर उसने यरीहो को कैसे जीतना है, यहोशू को बताया।

जब वह दिन आया, तब यहोशू ने लोगों को वैसे ही खड़ा किया, जैसे उसे बताया गया था। आगे कुछ सेना थी, उसके पीछे सात याजक तुरही बजाते हुए चल रहे थे, उनके पीछे परमेश्वर का संदूक और बाकी सेना संदूक के पीछे चल रही थी। यहोशू ने लोगों को जब वे नगर के चारों ओर घूम रहे थे एकदम चुप रहने को कहा।

जैसे वे नगर के, चारों ओर घूम रहे थे, याजक तो तुरही फूंक रहे थे, लेकिन लोग एकदम शांत थे। जब वो नगर का एक चक्कर लगा लेते तो फिर वो अपने तम्बू में लौट आते और वहाँ रात बिताते। छः दिनों तक उन्होंने वैसा ही किया।

सातवें दिन सुबह यहोशू ने लोगों को उस नगर के सात चक्कर लगाने को कहा। जब वे नगर का सातवाँ चक्कर लगा चुके, तब याजकों ने तुरही एक और बार फूँकी और यहोशू ने ज़ोर से बोला, 'चिल्लाओ'। लोग चिल्लाए और नगर की दीवार उनके सामने गिर गई। तब इस्राएल की सेना नगर के अंदर गयी और उस नगर को नाश कर दिया।

फिर वे दो भेदी, जिनको राहाब ने बचाया था, उसके घर गए। उन्होंने उसे और उसके

परिवार को उस नगर से बाहर जीवित निकाल दिया। बाकी सब शहर में मारे गए और सब कुछ जला दिया गया। सिर्फ सोना, चांदी, पीतल और लोहे की चीज़ें बचा लीं गईं।

परमेश्वर, यहोशू के साथ थे और उसका नाम पूरे देश में फैल गया। राहाब और उसके परिवार को एक सुरक्षित स्थान पर रखा गया, जो इस्राएल की छावनी के बाहर था। आगे चलकर उसने इस्राएली व्यक्ति से, जो यहूदा के घराने से था, उससे शादी कर ली। समय बीतने पर उसका बेटा बोआज़ पैदा हुआ। इस तरह वो दाऊद की परदादी बनी, जो इस्राएल का सबसे महान राजा था।

तुम भी अपने जीवन की चुनौतियों का सामना करने के लिए, परमेश्वर से जय का रास्ता पूछ सकते हो।

26. वायदे के देश पर जय

इस्राएल के नए अगुवे, यहोशू ने अपने लोगों को उस वायदे के देश के, दो नगरों को जीतकर उन्हें लेने में सहायता की। यह खबर पूरे कनान में फैल गई। सब जगह लोग उन से डरे हुए थे। पास के गिबोन नगर से कुछ लोग, अपना भेष बदलकर, पुराने कपड़े पहन कर और

पाँव में पुराने पैबन्द लगी जूतियाँ पहनकर, इस्राएलियों के पास आए। वे गदहों पर पुराने बोरे और जुड़े हुए मदिरा के कुप्पे लादकर और सूखी, फफूंदी लगी रोटी लेकर आए। ऐसा दिखाया कि वे बहुत दूर देश से चले आ रहे हैं और इस्राएल के अगुवों से अपनी रक्षा का समझौता भी लिखवा लिया।

समझौते के तीन दिनों के बाद, इस्राएलियों को पता चला की गिबोनी तो पास में ही रहते थे। यहोशू ने उन्हें बुलवाया और पूछा, 'तुमने मुझे धोखा क्यों दिया'? उन्होंने कहा क्योंकि तुम्हारा परमेश्वर यहोवा तुम्हारे साथ है, जो तुम को सारा देश देगा और उसके सारे निवासी नाश होंगे, तो अपनी जान बचाने के लिए हम ने ऐसा काम किया।

पड़ोस के और राजाओं को पता चला, कि गिबोन ने इस्राएल के साथ शांति का समझौता कर लिया है। तो इन राजाओं ने एक साथ मिलकर गिबोन के लोगों को मारने के लिये चढ़ाई की। इस पर गिबोन के लोगों ने यहोशू को कहला भेजा, 'हम तेरे दास हैं, जल्दी आकर हमारी मदद कर'।

तब यहोशू अपनी सेना के साथ रात को ही निकल पड़ा और जो गिबोन से लड़ रहे थे उन्हें चौंका दिया। उन्होंने बहुत लड़ने की कोशिश की पर इस्राएल की सेना उनके लिए बहुत बलशाली थी। परमेश्वर ने उन पर बड़े–बड़े ओले बरसाये। इस तरह ओलों से ज्यादा लोग मरे, तलवार से कम।

यहोशू को और समय चाहिए था, सो उसने ऊपर देख कर कहा, 'हे सूरज, तू गिबोन पर थमा रहा'! परमेश्वर ने उसकी सुनी और आदर किया और सूरज वहीं थमा रहा। पहले ऐसा कभी नहीं हुआ था, और न ही उसके बाद फिर कभी ऐसा हुआ। यहोशू अपनी सेना को लेकर एक नगर से दूसरे नगर जीतता गया और परमेश्वर उसे, जहाँ कहीं भी वो गया, उसे जय देते गये।

यहोशू का मतलब 'यीशु' है। जब हम यीशु के पीछे चलेंगे, तो वे हमें पाप के ऊपर जय देगें।

27. अय्यूब की कहानी

अय्यूब नाम का एक अच्छा, ईमानदार व्यक्ति था, जो परमेश्वर से भी डरता था। उसके सात बेटे और तीन बेटियाँ थीं। वो एक अमीर आदमी था, जिसके बहुत नौकर थे। उसके पास बहुत भेड़, ऊँट, बैल और गदहे थे।

एक दिन शैतान स्वर्ग में परमेश्वर के सामने आया। परमेश्वर ने शैतान से पूछा कि वो कहाँ था? शैतान ने बोला कि वो पृथ्वी पर इधर-उधर घूम रहा था। तब परमेश्वर ने उससे पूछा, कि 'क्या उसने उनके भक्त अय्यूब को देखा, उसके जैसा सारी पृथ्वी पर और कोई भी नहीं है, जो परमेश्वर का भय मानता हो और पाप और बुराई से दूर रहता हो'।

शैतान ने कहा, 'हाँ, वो ऐसा ही करता है। वह यह जानता है कि बिना दोष के तेरे सामने सही चलने से ही फायदा है। तू उसकी और उसकी सब चीज़ों की रक्षा करता है। लेकिन अगर तू उसकी सब चीज़ें ले ले, तो वो तुझको तेरे मुँह पर श्राप देगा'। तो परमेश्वर ने शैतान से कहा, कि उसकी जान छोड़ के, वह उसकी हर चीज़ ले ले। उसी के बाद, एक एक करके, अय्यूब पर परेशानियाँ आईं, उसके सब नौकर मर गए, एक बड़ी तेज़ हवा चली, उसका घर गिर गया और उसके सारे बच्चे उसमें मर गये। यह सुनकर अय्यूब बहुत दुखी होकर बोला, 'यहोवा ने दिया और यहोवा ने लिया, यहोवा का नाम धन्य हो'।

कुछ समय बाद शैतान फिर परमेश्वर के सामने आया और बहस की, कि अय्यूब के शरीर में बीमारी दी जाए, तो वो परमेश्वर को श्राप देगा। परमेश्वर ने उसे, उसके शरीर पर बीमारी देने की आज्ञा दी पर शैतान उसकी जान नहीं ले सकता था।

सिर से पाँव तक अय्यूब का शरीर फोड़ों से ढक गया। वो राख़ में बैठ गया और बहुत दर्द में था। वह एक मिट्टी के बर्तन के टुकड़े से खुद को खुजली करता था। उसकी पत्नी ने कहा, कि 'वो परमेश्वर को श्राप दे', तो उसने अपनी पत्नी को मूर्ख कहा और कहा, कि 'जो कुछ परमेश्वर देते हैं उसे अपनाने के लिए तैयार रहना है चाहे वो अच्छा हो या बुरा'।

अय्यूब के तीन दोस्त, यह सुनकर उससे मिलने आये। जिस हालत में उन्होंने उसे बैठे देखा, उनको अपनी आँखों पर विश्वास ही नहीं हुआ। सात दिनों तक वे उससे कुछ नहीं बोल सके। पर जब वे बोले, तो उन्होंने अय्यूब पर पाप करने का दोष लगाया। अय्यूब जानता था कि उसने ऐसा कुछ नहीं किया है इसलिये वह उनकी बात मानने के लिए तैयार नहीं था।

अन्त में, परमेश्वर ने अय्यूब और उसके दोस्तों से बात की। परमेश्वर ने उसके दोस्तों को दोष लगाने से रोका और उन्हें कहा कि वे अय्यूब से अपने लिए प्रार्थना करायें।

तब परमेश्वर ने अय्यूब के पास जो पहले था, उसका दुगुना लौटाया। अब उसके पास दो गुने भेड़, ऊँट, बैल और गदहे हो गए। परमेश्वर ने उसे सात बेटे और तीन बेटियाँ भी दीं। अय्यूब एक सौ चालीस साल का होकर मरा।

याद रखें, कि आप भी नहीं जानते कि परमेश्वर आपके जीवन में क्या कर रहे हैं। केवल उन पर विश्वास करें और उनका कहा मानें।

28. न्यायियों

मूसा की मदद करने वाला यहोशू, इस्राएल को उनके वायदे के देश, कनान में लाया और उन्हें जय में लेकर चला। उसने कनान देश को उनके बारह गोत्रों के अनुसार बाँट दिया था। यहोशू की मृत्यु के बाद, इस्राएल के पास कोई अगुवा या प्रधान नहीं था। परमेश्वर के लोग अक्सर उन्हें भूल जाते थे और परमेश्वर को उनके पास दुश्मनों को भेजना पड़ता था, तब वे परमेश्वर के पास लौटते थे। तब परमेश्वर ने अपने लोगों को अपने मार्ग में चलाने के लिए समय समय पर अगुवे ठहराए, यह उनकी कहानियाँ हैं।

गिदोनः

एक साल ऐसा हुआ कि मिद्यानियों ने इस्राएलियों पर हमला किया। उन के ऊटों ने कनान देश का सारा खाना खा लिया। अपनी तंगी में इस्राएल ने परमेश्वर को पुकारा। परमेश्वर ने एक स्वर्गदूत को भेजा कि वो गिदोन नाम के जवान को बुलाए। उसने इस्राएल में एक सेना तैयार की, कि शत्रु को वहाँ से बाहर भगा दे। युद्ध लड़ने से पहले परमेश्वर ने गिदोन से कहा, कि वो सेना को नदी में पानी पीने के लिए ले जाए। जितने लोगों ने घुटने टेक कर पानी पिया, उन्हें घर भेज दिया गया। तब परमेश्वर ने कहा, जिन्होंने नदी में खड़े होकर अपने हाथ से पानी पिया, उन्हीं को लड़ने के लिए जाने दिया जाएगा। केवल तीन सौ आदमी रहे। इस तरह केवल परमेश्वर को ही महिमा मिलेगी। इस छोटी सेना ने रात को शत्रु पर हमला किया। उन्होंने अचानक से अपने मिट्टी के घड़ों में से जलती हुई मशालें निकालीं और चिल्लाने लगे, 'यहोवा की और गिदोन की तलवार'। मिद्यानी लोग यह सुनकर बिना लड़े, डर के मारे वहाँ से भाग गए।

शिमशोनः

बाद में परमेश्वर ने इस्राएल को शिमशोन, उनके छुटकारे के लिए दिया। उसके जन्म से ही शिमशोन परमेश्वर के लिए समर्पित था, और उसको अपने बाल नहीं काटने थे। किसी को पता नहीं था कि उसकी अद्भुत ताकत उसके लंबे बालों में है। शिमशोन, एक हमला करते हुए शेर को भी फाड़ कर मार सकता था। गदहे के जबड़े से उसने हजारों दुश्मनों को मार गिराया। जबकि शिमशोन के पास बहुत ताकत थी, पर वह औरतों के सामने कमज़ोर

पड़ जाता था। इसलिए पलिश्तियों ने दलीला नाम की स्त्री को उसका भेद जानने के लिए उसके पास भेजा। यह जानकर कि उसकी शक्ति उसके बालों से जुड़ी है, उन्होंने उसके बाल कटवा दिये। कमज़ोर शिमशोन अब बन्दी बन गया और उसे अंधा भी कर दिया गया। कुछ समय के बाद शिमशोन के बाल फिर लम्बे हुए और फिर परमेश्वर उसके साथ थे और वह शक्तिशाली हुआ। तो जब शिमशोन को एक बड़े त्यौहार में प्रदर्शन के लिए लाया गया, उसने शत्रु के मंदिर के खम्भों को उखाड़ दिया जिन से उसके हाथ बन्धे थे। वो इमारत जिसमें वे थे उस पर और उसके हज़ारों दुश्मनों पर गिर पड़ी। हमेशा याद रखें कि हमारी आत्मिक ताकत सबसे महत्वपूर्ण है।

शमूएलः

इस्राएल का आखिरी न्यायी परमेश्वर का भक्त शमूएल था। उसकी माँ हन्ना ने परमेश्वर से वायदा किया था कि अगर वे उसको एक बेटा देंगे तो वह उसे परमेश्वर को उनकी सेवा के लिए लौटा देगी। जल्द ही शमूएल पैदा हुआ।

जब वह छोटा ही था हन्ना ने उसे इस्राएल के महायाजक को सौंप दिया, कि वो उसके घर में पले। परमेश्वर ने शमुएल से बात की और उसको अपना भविष्यद्वक्ता बनाने के लिए बुलाया। बाद के समय में शमूएल ने इस्राएल को युद्धों में भी जीत दिलाई। जब इस्राएलियों ने राजा माँगा, तो परमेश्वर ने उसे दिखाया कि उसको शाऊल नाम के व्यक्ति को चुनना है, कि वह पहला राजा बने। इस तरह न्यायियों का समय खत्म हुआ, और तब से इस्राएल के ऊपर राजाओं का राज हो गया।

29. रुत और नाओमी

न्यायियों के समय, कई साल सूखा पड़ा। एक पति–पत्नी जिनका नाम एलीमेलेक और नाओमी था, वो मोआब नाम के देश में जा कर बस गये। उनके पास दो बेटे थे। कुछ समय के बाद एलीमेलेक मर गया, नाओमी और उसके दोनों बेटे अकेले रह गए।

उसके बेटों ने शादी की, लेकिन दुख की बात यह है, कि उन दोनों की भी मृत्यु हो गई। अब नाओमी के पास उसकी दो बहुऐं थीं, उसका साथ देने के लिए। उनका नाम ओर्पा और रूत था।

नाओमी ने इस्राएल लौटने का फैसला किया। उसने अपनी बहुओं से कहा कि वे अपने

परिवारों के पास लौट जाएं। ओर्पा ने तो ऐसा किया, लेकिन रूत ने कहा, 'मुझसे छोड़ कर जाने के लिए न कहना, तू जहाँ जाएगी वहाँ मैं जाऊँगी, और जहाँ तू रहेगी मैं वहाँ रहूंगी। तेरे दोस्त मेरे दोस्त होंगे और तेरा परमेश्वर मेरा परमेश्वर होगा'। विधवा होकर जीवन बहुत कठिन होता है। लेकिन यह कोई साधारण विधवा नहीं थीं। यह परमेश्वर पर विश्वास करने वाली विधवाएं थीं।

फसल की कटनी के समय रूत और नाओमी बैतलहम लौट कर आयीं। रुत खेतों में काम करती, फसल काटने वालों के पीछे–पीछे जाकर, जो–जो उनसे उठाते समय गिर जाता था, वे उसे उठा लेती थी। इस खेत के स्वामी का नाम बोआज़ था। वह नाओमी के परिवार का रिश्तेदार था। बोआज़ ने फसल काटने वालों से रूत के बारे में पूछा। बोआज़ एक अच्छा और परमेश्वर से प्रेम करने वाला व्यक्ति था।

बोआज़ ने रूत पर दया दिखाई। जब वो काम करती थी, उसका ध्यान रखा, कि वो पानी भी पी सके। उसने अपने दासों को आदेश दिया कि वे खेत में ज्यादा जौ गिरने दें, ताकि रुत उसे उठा सके और उसके पास खाने के लिए काफी हो।

फसल की कटनी के बाद, रूत बोआज़ के पास आई और उससे कहा कि उसे अपनी सुरक्षा में ले ले। बोआज़ एक सच्चा व्यक्ति था, इसलिए उसने रूत से विवाह कर लिया। उनका बेटा ओबेद पैदा हुआ, और आगे चल कर रुत, इस्राएल राज्य के सबसे महान राजा, राजा दाऊद की परदादी बनी।

कभी-कभी हमारा जीवन भी, हमें बहुत कठिन लगता है। परमेश्वर ने पहले से ही हमारे लिए एक योजना हमारी भलाई के लिए बना रखी है।

क्या जब जीवन कठिन लग रहा हो, तो तुम परमेश्वर पर उसकी योजना के लिए भरोसा करोगे?

30. राजा शाऊल

इस्राएल के न्यायियों का समय जब खत्म होने वाला था, तब लोगों ने माँगा कि शमूएल भविष्यद्वक्ता उनके लिए एक राजा चुने। परमेश्वर ने उससे शाऊल को चुनने को कहा, जो बिन्यामीन के घराने का था। जो सुंदर और इतना लम्बा था कि दूसरे लोग उसके कंधे तक ही आते थे। एक दिन उसके पिता ने उसे खोई हुई गदहियों को ढूंढ के लाने को कहा। वो एक सेवक लेकर उन्हें अलग-अलग देशों में ढूंढने निकला। कई दिनों के बाद वो जहाँ पहुँचे थे उसके सेवक ने बताया कि उसी नगर में परमेश्वर का एक जन है जो उनकी मदद कर सकता था। यह शमूएल भविष्यद्वक्ता था और वे उसके पास गदहियों के बारे में पूछने गए।

एक अनजान व्यक्ति उनके पास आया। वह शमूएल था। एक रात पहले ही परमेश्वर ने शमूएल को बता दिया था कि शाऊल, वो व्यक्ति है जिसे उसने राजा बनाने के लिए चुना है। यह भी कि वो उसके पास अगले दिन आयेगा। शमूएल ने शाऊल को खाने पर बुलाया। उसने शाऊल को चोंका दिया, यह कह कर कि, उसकी गदहियाँ मिल गई हैं और इस्राएल देश का भविष्य, अब उसके हाथों में है।

शाऊल को अचंभा हुआ क्योंकि वो एक नम्र और साधारण व्यक्ति था। उसे लगता था कि वह कोई अनोखा व्यक्ति नहीं है। शाऊल खाने के लिए शमूएल के घर पर गया और मुख्य स्थान पर बिठाया गया। खाना बनाने वाले ने उसको खाने के लिए अच्छा बड़ा हिस्सा दिया। अगली सुबह शमूएल ने तेल लेकर शाऊल का अभिषेक यह कहते हुए किया कि परमेश्वर ने उसका अभिषेक किया है कि वो परमेश्वर के लोगों के ऊपर अगुआ बने। 'अभिषेक' का मतलब होता है कि 'किसी व्यक्ति के सिर पर तेल लगाना, यह दिखाने के लिए कि वो व्यक्ति खास काम करने के लिए चुना गया है'।

वह दिन आ गया जब शमूएल ने सारे इस्राएलियों को इकट्ठा किया, कि वो उनके राजा का नाम बताए। उस समय इस्राएलियों को शाऊल नहीं मिला। शमूएल ने परमेश्वर से पूछा कि शाऊल कहाँ है। तब परमेश्वर ने उसको बताया कि वह सामान के बीच में छिपा हुआ है। लोग शाऊल को वहाँ से निकाल कर उसके सामने लाए, और शमूएल ने ज़ोर से सब को बताया कि, यह व्यक्ति तुम्हारा राजा होगा और तुम्हारी लड़ाईयाँ लड़ेगा।

लोग ललकार के बोले, 'राजा लम्बी उम्र जीए'। उस दिन से परमेश्वर शाऊल के साथ थे और राजा के जो भी काम होते थे उसको करने में उसकी मदद करते थे।

हो सकता है कि, परमेश्वर के पास तुम्हारे करने के लिए भी, कोई खास काम हो। क्या तुम उनकी सुनने के लिए और उनकी बात मानने के लिए तैयार हो?

31. दाऊद और गोलियत

परमेश्वर ने शाऊल को पहला राजा, बनने के लिए चुना। लेकिन बाद में शाऊल परमेश्वर की आज्ञा नहीं मानता था। इसलिए, परमेश्वर ने शमूएल को बैतलहम भेजा, कि वह एक नए राजा का अभिषेक करे।

शमूएल को यिशै के बेटों में से एक को चुनना था। सबसे बड़ा बेटा देखने में बहुत अच्छा था, पर परमेश्वर ने शमूएल को यह बोल कर चिताया कि वह उसका बाहरी रूप न देखे। परमेश्वर ने कहा कि लोग बाहरी रूप देखते हैं, पर वह हृदय को देखते हैं।

यिशै के सब बेटों से मिलने के बाद, शमूएल की दाऊद से मुलाकात हुई, जो सबसे छोटा था। वो बाहर भेड़ों को सम्भाल रहा था। परमेश्वर ने शमूएल से, दाऊद का तेल से अभिषेक करने को कहा। ऐसा करना, यह दर्शाता था कि वो अगला राजा बनेगा। इसके बाद दाऊद

अपने पिता की भेड़ों को पहले की तरह ही सम्भालता रहा। वो वीणा भी बजाता था और उसने कुछ भजन भी लिखे जो तुम बाईबल के भजन सहिंता में पाओगे।

इस्राएली और पलिश्तियों में लड़ाई चल रही थी। जब हर दिन दोनों तरफ की सेनाएं लड़ने के लिए आतीं, तो पलिश्ती एक गोलियत नाम के दानव को भेज देते थे। वो नौ फीट लम्बा, हथियारों से ढका हुआ और एक बड़ा भाला लिए हुए आता था। हर सुबह वो इस्राएलियों को ललकारता कि कोई भी आकर उससे लड़े। इससे शाऊल और उसके सारे आदमी बहुत डर गए थे। इनमें से तीन, दाऊद के बड़े भाई थे।

एक दिन दाऊद अपने भाईयों के लिए खाना लेकर गया। जब दाऊद युद्ध के मैदान में पहुंचा, उसने गोलियत की ललकार सुनी। तो उसने सैनिकों से कहा कि वो गोलियत से लड़ेगा, पर शाऊल ने दाऊद से कहा कि वो गोलियत से नहीं लड़ सकता क्योंकि वो तो एक लड़का ही था। लेकिन दाऊद ने शाऊल को बताया कि अपनी भेड़ों को बचाने के लिए वो शेरों और भालुओं से लड़ा है, और परमेश्वर ने हमेशा उसकी सहायता की है।

दाऊद ने पाँच चिकने पत्थर अपनी कमर पर बन्धी थैली में डाले और अपना गोफन लेकर गोलियत की ओर बढ़ा। गोलियत ने दाऊद के छोटा होने पर हँसी उड़ाई। पर दाऊद ने उससे कहा, 'तू तलवार से लड़ता है और मैं अपने परमेश्वर, जो मेरे संग है उनके साथ आया हूँ।'

दाऊद तेज़ी से दौड़ कर उससे मिलने के लिए गया। अपनी थैली में से उसने एक पत्थर निकाला और अपने गोफन में रखकर गोलियत को मारा। वह पत्थर गोलियत के माथे पर,

आँखों के बीच में जाकर लगा और गोलियत एक तेज़ आवाज़ के साथ ज़मीन पर, मुँह के बल गिर पड़ा। पलिश्ती सेना भाग गई और इस्राएल के सारे लोगों के लिए दाऊद हीरो बन गया।

कई सालों के बाद, पौलुस प्रेरित, यह कहता है, 'जो मुझे सामर्थ देता है, उसमें मैं सब कुछ कर सकता हूँ'। वही परमेश्वर जिन्होंने दाऊद की सहायता की, उस असंभव काम को करने में, वो तुम्हारी सहायता करने के लिए भी तैयार हैं अगर तुम उनमें विश्वास करो।

32. दाऊद का राजा बनना

परमेश्वर ने शमूएल से, एक गुप्त तरीके से, दाऊद को राजा बनाने के लिए, उसका अभिषेक कराया। जब दाऊद ने गोलियत को मार डाला, तब यह देखकर शाऊल ने दाऊद को अपने लिए काम करने के लिये बुलाया। दाऊद ने शाऊल की सेना में रहकर काम किया और बहुत सफलता पाई। जब कभी शाऊल परेशान होता था, तो दाऊद वीणा बजाकर उसे आराम दिलाता था। लेकिन शाऊल को दाऊद से जलन होने लगी, यहाँ तक की भाला फेंक कर उसको मारने की भी कोशिश की। यह समस्या धीरे-धीरे बढ़ती गई, एक दिन ऐसा आया कि दाऊद को शाऊल से अपनी जान बचाकर भागना पड़ा।

कुछ लोग दाऊद के साथ जुड़ गये और उन्हें अक्सर छिपने के लिए नई जगह ढूँढनी पड़ती थी। शाऊल, दाऊद को जान से मारने के लिए ढूँढ रहा था। कुछ और वीर लोग दाऊद के साथ आकर जुड़ गए जबकि उनको यह पता था कि यह कितना खतरनाक होगा। कई सालों के बाद, दाऊद के पास एक छोटी सेना हो गई थी।

एक बार शाऊल के आदमियों ने जिस पहाड़ी पर दाऊद था उसके दोनों ओर चक्कर लगाया, और ऐसा लगा मानो उन्होंने उसे घेर लिया हो। तभी शाऊल के पास अचानक खबर आई कि उसकी कहीं और बहुत ज़्यादा ज़रूरत है, और उसे जाना पड़ा। इस तरह परमेश्वर ने दाऊद को बचाया।

दो बार दाऊद शाऊल को जान से मार सकता था। एक बार दाऊद और उसके आदमी एक गुफा के कोने में छिपे हुए थे, जब वहाँ शाऊल भी कुछ देर के लिए आया। दाऊद के लोगों ने उससे बहुत कहा, कि वह शाऊल को मार डाले। लेकिन दाऊद चुपचाप जाकर, उसके कपड़े के कोने को काट कर अपने साथ ले आया। जब शाऊल थोड़ी दूर पहुँचा, तब दाऊद ने उसे पुकारा और उसके कपड़े का टुकड़ा उसे दिखाया, ताकि शाऊल जान ले कि

वह कभी उसकी हानि नहीं करेगा, क्योंकि वह परमेश्वर का अभिषिक्त जन था। इस तरह शाऊल को दो बार नम्र होना पड़ा, लेकिन उसका दिल फिर भी दाऊद के प्रति कठोर था।

शाऊल पूरी तरह से परमेश्वर से दूर हो गया था यहाँ तक कि वो भविष्य बताने वालों के पास भी जाने लगा। जबकि परमेश्वर ने अपने लोगों को ऐसा करने से बिलकुल मना किया था। अगले दिन शाऊल और उसके बेटे पलिश्ती सेना से लड़े लेकिन अब परमेश्वर उसकी सहायता नहीं करने वाले थे। इसलिए शाऊल और उसके बेटों की उस लड़ाई में मौत हो गई। जब दाऊद को यह पता चला, तो उसे दुख हुआ क्योंकि वो अपने शत्रुओं से प्रेम करता था। परमेश्वर ने दाऊद से हेब्रोन नगर में जाने के लिये कहा। वहाँ जाकर वो इस्राएल का नया राजा बना।

दाऊद तो कुछ सालों पहले ही, अगर वो शाऊल को मार देता तो राजा बन सकता था। लेकिन ऐसा करने से उसे परमेश्वर की आशीषें कभी नहीं मिलतीं।

यीशु ने कहा कि 'हम अपने दुश्मनों से प्रेम करें'।

जिन लोगों ने तुम्हारे साथ गलत व्यवहार किया है, उनके लिए कुछ अच्छा करना याद रखना।

33. दाऊद का पाप

जब शाऊल युद्ध में मर गया, तब दाऊद राजा बना। दाऊद एक अच्छा राजा था क्योंकि वो परमेश्वर को सबसे पहला स्थान देता था। दाऊद ने कुछ गलतियाँ कीं और परमेश्वर के विरुद्ध पाप भी किया। लेकिन उसको अपने किए पाप का पछतावा भी था और उसने परमेश्वर से क्षमा भी माँगी। इस तरह हम भी अपने पापों की क्षमा माँग कर परमेश्वर को खुश कर सकते हैं।

दाऊद का पाप था, कि उसने बतशेबा नाम की स्त्री को अपनी पत्नी बनाया जो उसकी सेना के एक अच्छे सैनिक, की पत्नी थी। दाऊद ने उस सैनिक को मरवा दिया और इसलिए परमेश्वर दाऊद से बहुत गुस्सा हुए। परमेश्वर पाप से हमेशा नफरत करते हैं। दाऊद ने अपना पाप मान लिया था। बतशेबा ने दाऊद को एक बेटा दिया था, जो इस पाप के कारण मर गया। फिर एक और बेटा हुआ जिसका नाम सुलेमान था। परमेश्वर ने उससे वायदा किया कि वो सुलेमान को अगला राजा बनायेंगे। दाऊद ने अपने पाप को माना फिर भी परमेश्वर ने उसे सज़ा दी।

फिर ऐसा हुआ कि, दाऊद के कई बेटे हुए। उसका सबसे बड़ा बेटा अबशालोम पूरे इस्राएल देश में सुन्दरता के कारण बहुत प्रशंसा योग्य था। उसके तुल्य और कोई न था, जिसमें सर से लेकर पैर तक कोई दोष न हो। वह बहुत सुंदर व्यक्ति था, जिसके बाल बहुत काले, सुंदर और घने थे। उसमें लालसा थी, कि वह राजा बने। वो रोज़ यरुशलेम नगर के फाटक के

पास खड़ा हो जाता था और जो लोग उस नगर में घूमने आते, उन की चापलूसी करता। यहां तक कि उसने लोगों से वायदे भी किये। कुछ समय में अबशालोम ने एक सेना इकट्ठी करली ताकि वह अपने पिता दाऊद को जान से मार कर खुद राजा बन जाए। इसलिए दाऊद को अपनी जान बचाकर यरुशलेम भागना पड़ा।

बाद में, दाऊद के लोगों और अबशालोम की सेना में लड़ाई हुई। अबशालोम लड़ाई हार गया और मारा गया। दाऊद बहुत दुखी हुआ, क्योंकि वह ऐसा कभी नहीं करना चाहता था।

समय बीतता गया और दाऊद अपने बुढ़ापे तक जीवित रहा और अब उस देश पर राज्य भी नहीं कर सकता था। इसलिए अपने मरने से पहले उसने अपने बेटे सुलैमान को राजा बना दिया।

कई सालों पहले परमेश्वर पाप के न्याय में दण्ड देते थे। लेकिन आज, उन्होंने हमारे लिए एक मौका रखा है, कि हम उनसे अपने पापों की क्षमा मांग सकते हैं। यीशु का लहू हमारे पापों को धो कर मिटा देता है ।

क्या तुम ऐसा करना चाहोगे?

34. भजन संहिता 23

भजन संहिता 23 राजा दाऊद ने लिखा, जिसने गोलियत को गोफन से मारा था। इस बात का ध्यान रखें, कि दाऊद एक चरवाहे का काम करते करते बड़ा हुआ। उसने जीवन के बारे में भेड़ों को सम्भालते हुए सीखा था।

दाऊद परमेश्वर की तुलना एक चरवाहे से इसलिए करता है, क्योंकि परमेश्वर हमारी देखभाल करते और हमें बचा कर रखते हैं। दाऊद जानता था कि हम परमेश्वर से एक दोस्त की तरह बात करने से शायद डरें। इसलिए वह हमारी सहायता करता है कि हम परमेश्वर को एक देख भाल करने वाले चरवाहे की तरह सोचें। भेड़ें अपनी मदद नहीं कर सकतीं और वो अपने खाने, रहने और सुरक्षा के लिए चरवाहे पर भरोसा करती हैं। उसी तरह परमेश्वर के बिना हम भी कुछ नहीं कर सकते।

अगर वाकई में इस बारे में सोचें, तो चरवाहे की तुलना में भेड़ें बड़ी भोली होती हैं। वैसे ही परमेश्वर की तुलना में हम बहुत कम जानते हैं। परमेश्वर हमारे आने वाले समय को जानते हैं, क्योंकि उन्होंने हमें बनाया है। इस भजन में दाऊद यह बताता है कि परमेश्वर

अपनी भेड़ों के लिए उनकी सब ज़रुरतों को पूरा करते हैं। जैसे हरी घास और साफ पानी। परमेश्वर हमें शांति और आराम देते हैं क्योंकि हम उन पर भरोसा रख सकते हैं।

परमेश्वर अपनी भेड़ों को, अच्छे मार्ग में रखते हैं। कठिन समय में भी उनको डरने की ज़रूरत नहीं है। परमेश्वर हमेशा उनके साथ हैं और वे उन्हें सुरक्षित महसूस करा सकते हैं।

अगर किसी मनुष्य के दुश्मन बलवान होते हैं, तो उसको उनसे छिपा रहना पड़ता है। लेकिन दाऊद बिना डरे, परमेश्वर की सारी आशीषों का आनंद उठा सका और उसके शत्रु उसे देखते रहे। परमेश्वर उदार हैं और बहुत उदारता से देते हैं, कई बार हमारी आवश्यकताओं से ज्यादा देते हैं। दाऊद का यह विश्वास था कि उनकी मृत्यु के बाद भी परमेश्वर उसे स्वर्ग में हमेशा के लिए रखेंगे।

क्या तुम परमेश्वर पर वैसा विश्वास रख सकते हो, जैसा भेड़ें अपने चरवाहे पर रखती हैं? अगर तुम उसकी भेड़शाला में आ जाओ, तो वह हमेशा तुम्हारी मदद करेंगे।

35. राजा सुलैमान की बुद्धि

सुलैमान को तब राजा बनाया गया जब उसके पिता दाऊद राज्य करने के लिए बहुत बूढ़े हो गए थे। एक रात सुलैमान के सपने में परमेश्वर ने आकर उससे पूछा कि, 'वो क्या चाहता है'? सुलैमान ने जवाब दिया, कि उसे ऐसा लगता है कि वह एक छोटे बच्चे के समान है, जिसे बहुत कुछ नहीं पता। उसने परमेश्वर से बुद्धि और समझ माँगी ताकि उनके लोगों के ऊपर राज्य कर सके।

परमेश्वर सुलैमान के जवाब से खुश हुए। उन्होंने उससे कहा कि वे उसको बुद्धि देंगे, उसके अलावा और भी बहुत सी आशीषें देगें। परमेश्वर ने उसको संसार का सबसे बुद्धिमान व्यक्ति बनाया और उसे बहुत धन, आदर और लम्बा जीवन भी दिया। परमेश्वर केवल यही चाहते थे कि सुलैमान उनकी आज्ञा का पालन करे।

सुलैमान अपनी बुद्धि की वजह से दूर दूर तक जाना गया। एक बार दो स्त्रियां उसके पास आईं। यह दोनों एक ही घर में रहती थीं और दोनों के लगभग एक ही समय में बेटे पैदा हुए। उनमें से एक का बेटा मर गया, तो दोनों उस एक बच्चे को जो जीवित था उसको अपना कहने लगीं। अब सुलैमान कैसे चुनता कि असली माँ कौन सी थी ? उसने किसी से एक तलवार मँगाई और नाटक किया, कि वह उस बच्चे को बीच में से काटकर दोनों को आधा–आधा दे देगा। उनमें से एक माँ इसके लिए तैयार हो गई, पर दूसरी माँ सुलैमान से बोली कि वो उस बच्चे को दूसरी औरत को जीवित ही दे दे। राजा ने अपने दासों को कहा, कि वो बच्चे को उस स्त्री को दे दें जो उस बच्चे के जीवन की भीख माँग रही थी। वही उसकी असली माँ थी। उसकी बुद्धिमानी पर इस्राएल के लोग बहुत हैरान हो गए।

सुलैमान ने अपने क्षेत्र के कई राज्यों पर राज किया। जब तक वह जीवित था, तब तक शांति बनी रही। शीबा की रानी बहुत दूर से वहाँ सुलैमान राजा की बुद्धि की बातों को सुनने आई। उसने राजा से कई प्रश्न पूछ कर उसकी परीक्षा ली, और वह उसके सब सवालों के जवाब उसे दे पाया। वो उसका महल देख कर, जिस तरह के कपड़े उसके दास पहनते थे

और जिस तरह वह परमेश्वर की आराधना करता था, देखकर बहुत चकित थी। तब उसने यह कहा कि जो कुछ सुलैमान के लिए कहा गया था, वह सब सच है और उससे बढ़कर है।

हमें जो कुछ भी चाहिए, उसके लिए हम परमेश्वर पर भरोसा कर सकते हैं कि वे उपाय करेंगे। केवल हमें नम्र होकर उन पर बच्चों की तरह भरोसा करना है।

36. राजा सुलैमान ने मंदिर बनवाया

राजा सुलैमान के पिता दाऊद ने उसको परमेश्वर के लिए एक मंदिर बनाने के लिए कहा था। उसने बहुत सारे लोगों को काम करने के लिए इकट्ठा किया और उनको वो सब चीज़ें दीं, जिसकी उनको ज़रूरत थी। उसने देवदार के लठ्ठे, लबानोन के राजा हीराम से मँगाए, जो उसके पिता दाऊद का दोस्त था।

मंदिर को पूरी तरह बन के तैयार होने में सात साल लगे। जहाँ मंदिर बन रहा था वहाँ औज़ारों की आवाज तक नहीं थी क्योंकि सब चीज़ें कहीं और तैयार कर, यहाँ इकट्ठा करके जोड़ी जा रहीं थीं। अन्दर की दीवारें पूरी तरह से देवदार की लकड़ी से ढकी थीं। अति पवित्र स्थान की दीवारें खरे सोने से ढकी हुई थीं। यहाँ तक कि सारे बर्तन, सजाने का सामान और आराधना के बर्तन सोने से बनाए गए थे।

जब मंदिर बन गया, तब राजा सुलैमान ने इस्राएल के सारे गोत्रों के मुख्य पुरुषों को और घरानों से प्रधानों को इकट्ठा किया। याजक परमेश्वर

का संदूक लाए जो मंदिर के पवित्र स्थान में रखा गया था। उसमें, पत्थर की दो तख्तियाँ थीं जो मूसा ने उसमें रखी थीं।

तब बादल के समान, मंदिर परमेश्वर की महिमा से भर गया, और याजकों को अपना काम रोकना पड़ा। राजा ने परमेश्वर को धन्यवाद दिया, फिर इस्राएल की पूरी सभा की ओर मुंह करके उनको आर्शीवाद दिया। फिर परमेश्वर की वेदी के सामने समर्पण की प्रार्थना की और माँगा कि जब लोग पापों को मान कर क्षमा माँगे तो परमेश्वर उनकी सुनें। इस्राएल के पूरे राष्ट्र ने मिलकर परमेश्वर को बलिदान चढ़ाया और मंदिर परमेश्वर को समर्पित किया। चौदह दिनों का जश्न रहा। फिर लोग खुशी से भरे दिलों के साथ अपने अपने घरों को लौटे।

परमेश्वर ने सुलैमान से कहा कि, उन्होंने उसकी प्रार्थना सुन ली और उस भवन को अपने लिए अलग करके ठहरा दिया है। और कहा कि अगर वह अपने पिता दाऊद की तरह उनके साथ चलेगा तो वो उसके राज्य को हमेशा के लिए स्थापित करेंगे। लेकिन अगर वह परमेश्वर की आज्ञा पालन नहीं करेगा और उनकी आराधना नहीं करेगा तो वे उस मंदिर को छोड़कर चले जाएंगे। यह अपमान की बात होगी और वे इस्राएल के लोगों को इस देश में से निकाल देगें।

आगे चलकर, सुलैमान ने देश को धनी तो बनाया, लेकिन उसकी पत्नियों ने उसका दिल जीवते परमेश्वर की ओर से मोड़ दिया। परमेश्वर इस बात से बहुत दुखी हुए।

हमें यह याद रखना है कि हम जीवते परमेश्वर की आराधना और सेवा करते रहें। अपने जीवन में जो परमेश्वर का स्थान है, किसी और को न दें।

37. इस्राएल राज्य का बंटवारा

राजा सुलैमान बहुत बुद्धिमान था। उसने इस्राएल को धनी बनाया और इस्राएल सारे संसार में प्रसिद्ध हुआ। सुलैमान अपनी जवानी में तो नम्र था। और उसने परमेश्वर से सहायता और बुद्धि माँगी थी। पर बाद में वह परमेश्वर के मार्गों में नहीं चला और आराधना में समझौता किया। उसका बेटा रहूबियाम भी नम्र नहीं था, लेकिन सुलैमान के मरने के बाद उस को राजा बनाया गया। सब लोग उसके पास यह पूछने आए कि वो उनके ऊपर कैसे राज्य करेगा क्योंकि सुलैमान ने लोगों से बहुत मेहनत करवाई थी और अब वे यह आशा कर रहे थे कि रहूबियाम उनका काम हल्का करेगा।

रहूबियाम ने अपने बड़े और बुद्धिमान लोगों के सुझाव को नहीं माना कि वह कृपालु होकर लोगों के काम को हल्का करे, पर मूर्ख जवानों की सलाह में चलकर, लोगों के जीवन को और कठिन बना दिया।

इसलिए इस्राएल की बहुत सी जातियों ने अपने लिए रहूबियाम की जगह, योरोबाम को अपना राजा चुना, जो एक दुष्ट व्यक्ति था। केवल यहूदा के घराने के लोगों ने रहूबियाम को अपना राजा माना। इस तरह अब दो राज्य हुए, एक यहूदा कहलाया और दूसरा इस्राएल कहलाया। योरोबाम यह नहीं चाहता था कि इस्राएल के लोग यहूदा जाकर परमेश्वर के मंदिर में आराधना करें, तो उसने सोने के बछड़े बनवाकर लगवाए ताकि लोग उसकी आराधना करें। इस बात ने परमेश्वर को दुखी किया।

कई सौ वर्ष तक, इन दोनों राज्यों पर राजाओं ने राज्य किया। यहूदा के राजा तो हमेशा राजा दाऊद के परिवार में से बने। इनमें से कई राजा परमेश्वर का भय मानने वाले थे, जिन्होंने लोगों की सहायता की, कि वे परमेश्वर के पीछे चलें। पर इस्राएल पर राज्य करने वाले राजा ज़्यादातर दुष्ट थे और उन्होंने लोगों का ध्यान जीवते परमेश्वर की आराधना से हटाया।

अगर अगुवे अच्छे होते हैं, तो उसके लोग भी अच्छे होंगे। लेकिन बुरा और परमेश्वर का भय न मानने वाला अगुआ लोगों को, बुराई की ओर ही लेकर चलेगा। यह इसलिए है

क्योंकि, ज़्यादातर लोग जो कुछ दूसरों को करते देखते हैं, उसी को अपना जीने का स्तर बना लेते हैं।

अपनी अगवुाई के लिए हमेशा परमेश्वर के वचन को पढ़ें। तब आप परमेश्वर को हमेशा खुश रखेंगे। इन दोनों राज्यों में 'भविष्यद्वक्ता और परमेश्वर के कई भक्त' हुए जिनकी कहानियाँ बाइबल में लिखी हैं। उनमें से कुछ कहानियाँ इस किताब में हैं।

तुम कैसे हो, लोगों को परमेश्वर के भय में लेकर चलते हो या पाप में?

38. एलिय्याह और विधवा

इस्राएल के कई बुरे राजा हुए, पर राजा अहाब, उनमें से सबसे ज़्यादा बुरा राजा था। उसने ईज़ेबेल नाम की स्त्री से शादी की, जो बाल नाम के देवता की पूजा करती थी। उसने राजा अहाब से, सामरिया, जो इस्राएल की राजधानी थी, उसमें बाल का मंदिर बनवाया। यह सोच कर कि बाल उनकी फसल उगाता है और खाना उत्पन्न करता है। इस बात से परमेश्वर को बहुत दुख हुआ। तब परमेश्वर ने एलिय्याह भविष्यद्वक्ता को राजा के पास एक संदेश के

साथ भेजा। जब तक एलिय्याह न कहे तब तक परमेश्वर मेंह न बरसाएगें और न ओस पड़ने देंगे। परमेश्वर उनकी फसल पर रोक लगा रहे थे। यह दिखाने के लिए, कि परमेश्वर ही मेंह बरसाते और ओस भेजते हैं ताकि फसल उगे, वही मानव जाति के लिए सब उपाय करते हैं।

दुष्ट राजा अहाब और उसकी पत्नी ईज़ेबेल, एलिय्याह को मारना चाहते थे क्योंकि उसने इस्राएल में बारिश बंद करवा दी थी। परमेश्वर ने एलिय्याह से कहा कि वो जाकर एक नदी के पास छिप जाए और उसी नदी का पानी पिये। परमेश्वर ने उससे यह भी कहा कि रोज़ कौवे उसके लिए खाना लेकर आएंगे। ठीक जैसे परमेश्वर ने कहा था, वैसे ही हर सुबह और हर शाम को कौवे उसके लिए खाना लेकर आते थे। बारिश न होने के कारण वह नदी भी कुछ समय बाद सूख गई।

परमेश्वर ने तब एलिय्याह को कहा, कि वो सारफत नगर में जाए। वहाँ पर परमेश्वर ने एक विधवा को चुना था, जो उसके लिए खाने का उपाय करेगी। जब एलिय्याह उस नगर में आया, उसे वह विधवा मिली। वो बहुत गरीब थी, उसके पास मुट्ठी भर मैदा और कुप्पी में थोड़ा सा तेल था जो उसके और उसके बेटे के लिए भी काफी नहीं था। उसने उस विधवा से कहा कि उसके पास जो मैदा बचा है वह उसकी एक छोटी सी रोटी बनाकर उसको दे। तब एलिय्याह ने उससे कहा कि उसका आटा और तेल ख़त्म न होगा, जब तक कि फिर से बारिश न हो।

सच में उस दिन से, उस विधवा के पास घड़े में मैदा और उसकी कुप्पी में तेल रहा।

कभी–कभी परमेश्वर भी चाहते हैं कि जो हमारे पास है, उसे हम दूसरों को दें ताकि हम उससे कई गुना ज़्यादा पा सकें। क्या तुम विश्वास करोगे कि परमेश्वर तुम्हारे लिए भी ऐसा करेंगे?

39. एलिय्याह की प्रार्थना

एलिय्याह परमेश्वर का भविष्यद्वक्ता था, पर वो एक आम आदमी ही था। उसने गलतियाँ भी कीं और वह डरता भी था। लेकिन जब वो परमेश्वर पर निर्भर रहता था तो बहुत चकित करने वाले काम करता था। दुष्ट राजा अहाब और उसकी पत्नी ईज़ेबेल चाहते थे कि लोग बाल नाम के देवता की आराधना करें। इसीलिए परमेश्वर ने तीन साल के लिए बारिश को

रोक दिया ताकि लोग देख सकें कि वह परमेश्वर ही हैं, जिनकी अराधना करनी चाहिए, क्योंकि वही हमें बारिश भेज कर हमारी फसल बढ़ाते हैं।

तीन सालों तक बारिश नहीं हुई तो नदियाँ और झीलें छोटी होकर पूरी तरह सूख गईं। तब एक दिन परमेश्वर ने एलिय्याह को कहा कि, बारिश जल्दी आएगी। एलिय्याह ने अहाब को ढूंढा, जो उससे बहुत गुस्सा था। और उससे कहा कि इस्राइल के सब लोगों को और बाल देवता के नबियों को उससे मिलने के लिए कर्मेल पर्वत पर बुलाए।

जब लोग कर्मेल पर्वत पर इकट्ठा हुए, तो एलिय्याह ने कहा, 'कि अगर यहोवा परमेश्वर है तो उनको उसी के पीछे चलना चाहिए। अगर बाल परमेश्वर है तो उसके पीछे चलें'। तब एलिय्याह ने उन्हें दो वेदियों पर दो बछड़े बलिदान करने को कहा। एक यहोवा के लिए और दूसरा बाल के लिए। वे लोग बाल को पुकारें, और एलिय्याह परमेश्वर को पुकारे। जो परमेश्वर सुने और बलिदान पर आग गिरा कर उत्तर दे, वही परमेश्वर होंगे।

जब बाल के लिए बलिदान तैयार हुआ तो बाल के नबी अपने देवता को चिल्ला–चिल्ला कर पुकारते रहे और वेदी के चारों ओर नाचे। कई घंटे बीत गए, पर कोई जवाब नहीं आया। कुछ नहीं हुआ।

आखिर में एलिय्याह ने लोगों को अपनी वेदी की तरफ बुलाया। उसके चारों ओर एक गड्ढा खोदा और लोगों से कहा कि बछड़े के टुकड़ों पर और लकड़ी पर चार मटके पानी, तीन बार भर कर डालें। अब तो यह वेदी पानी से पूरी तरह भीग चुकी थी। फिर एलिय्याह ने परमेश्वर से प्रार्थना की। जैसे ही उसने अपनी प्रार्थना खत्म की, वेदी पर आग उतरी और बलि को ऐसा जलाया कि कुछ भी नहीं बचा। उस आग ने वेदी की भेंट, लकड़ी, पत्थर यहां तक कि गड्ढे के पानी को भी चट कर लिया। लोग अपने घुटनों पर गिरे और कहने लगे, 'यहोवा ही परमेश्वर हैं!' 'यहोवा ही सच्चे परमेश्वर हैं !'

कुछ समये बाद एलिय्याह ने प्रार्थना की और अपने नौकर को सात बार आसमान में बादल देखने के लिए भेजा। सातवीं बार छोटा सा बादल दिखा, फिर आसमान काले घने बादलों

से भर गया और बारिश हुई। इस तरह सूखा खत्म हो गया। परमेश्वर ने जैसा कहा, वैसा ही किया।

तुम अगर परेशानी में हो, और परमेश्वर को सच्चे दिल से पुकारो, तो वे तुम्हें ज़रूर जवाब देंगे।

40. एलिय्याह का स्वर्ग में उठाया जाना

एलिय्याह इस्राएल में कई सालों तक भविष्यद्वक्ता था। एक दिन परमेश्वर ने एलिय्याह से कहा कि अपनी जगह वह एलीशा को भविष्यद्वक्ता के रूप में अभिषेक करे। तब वह वहाँ से चल दिया और एलीशा के पास पहुँचा जो अपने बैलों के साथ हल जोत रहा था। उसके पास जाकर एलिय्याह ने अपनी चादर उस पर डाल दी। तब वह अपने परिवार और बैलों को छोड़कर एलिय्याह के पीछे गया और उसकी सेवा टहल करने लगा।

अब वो समय आया जब परमेश्वर, एलिय्याह को स्वर्ग में ले जाने वाले थे। एलिय्याह ने एलीशा से कहा कि परमेश्वर उसे बेतेल नगर भेज रहे हैं, इसलिए वह वहीं ठहर जाए। एलीशा नहीं माना और एलिय्याह के साथ बेतेल गया। वहाँ के भविष्यद्वक्ताओं ने एलीशा से पूछा, कि क्या वह जानता है कि परमेश्वर उसके स्वामी को उसी दिन स्वर्ग में उठा ले जाने वाले हैं। इस पर उसने कहा 'हाँ' और उन्हें चुप करा दिया।

एलिय्याह को परमेश्वर वहाँ से यरीहो ले गए। एलीशा वहाँ भी साथ गया और वहाँ के भविष्यद्वक्ताओं ने भी उससे वही बात कही और उसने उन को भी चुप करा दिया।

फिर वहाँ से एलिय्याह को परमेश्वर ने यरदन तक जाने के लिए कहा, सब कुछ पहले के समान ही हुआ और एलीशा उसके साथ साथ रहा। यरदन पहुँच कर उन्हें नदी पार करनी थी। तो एलिय्याह ने अपनी चादर पकड़कर ऐंठी और उसे जल पर मारा। पानी दो भागों में बंट गया और बीच में रास्ता खुल गया, वे दोनों सूखी ज़मीन पर चल कर नदी की दूसरी ओर पहुंचे।

पचास भविष्यद्वक्ता यह सब दूर से देख रहे थे। नदी पार करने के बाद एलिय्याह ने एलीशा से पूछा कि इससे पहले कि वह उसके पास से उठा लिया जाए, जो कुछ वह एलिय्याह से चाहे, वह माँग ले। एलीशा ने उसकी आत्मा का दो गुना भाग माँगा। एलिय्याह ने कहा यह तभी हो सकेगा जब एलीशा उसका स्वर्ग में उठा लिया जाना देखे, नहीं तो न होगा।

जब वे दोनों चलते-चलते बात कर रहे थे, अचानक अग्निमय घोड़ों के एक अग्निमय रथ ने उनको अलग किया और एलिय्याह बवंडर में होकर स्वर्ग पर चढ़ गया। एलीशा देखता रह गया और बहुत रोया। तब उसने एलिय्याह की चादर जो उस पर से गिरी थी, उठाई और लौट कर यरदन के किनारे पहुँचा। उसने भी चादर जल पर मारी और जैसे ही एलिय्याह के परमेश्वर को पुकारा, जल दो भागों में बंट गया, रास्ता खुला और वह चल कर वापस लौट सका।

जो पचास भविष्यद्वक्ता यह सब देख रहे थे बोले कि एलिय्याह की आत्मा अब एलीशा में जीती है। और उस दिन से, उन्होंने उसको अपना नया अगुवा मानकर उसका आदर किया।

आज परमेश्वर अपनी आज्ञा मानने वालों को ढूंढ रहे हैं। क्या तुम वो व्यक्ति बनने के लिए तैयार हो?

41. नामान की चंगाई

कई सालों पहले, अराम देश इस्राएल राज्य का दुश्मन था। नामान अराम की सेना का सेनापति था, जो इस्राएल के विरोध में लड़ा। वो बहादुर था और उसका राजा उसे बहुत बड़ा आदमी मानता था। इस्राएल के साथ किसी एक युद्ध में नामान ने एक लड़की को पकड़ा था और उसे लाकर अपनी पत्नी की दासी बना लिया।

जब नामान को कोढ़ हुआ तो उस दासी ने नामान की पत्नी से कहा कि काश उस का स्वामी इस्राएल जा सकता। वहाँ पर एक भविष्यद्वक्ता है जो कोढ़ की बिमारी से चंगा कर

सकता था। नामान ने यह बात अराम के राजा को बतायी, तो राजा ने नामान को इस्राएल के राजा के पास भेजा। उसने सोने, चांदी, अच्छे कपडों के उपहारों के साथ एक चिट्ठी भी भेजी जिसमें उसने लिखा कि वो नामान को कोढ़ से ठीक कर दे। इस्राएल का राजा चिट्ठी पढ़कर हैरान हो गया। क्योंकि वो तो कोढ़ी लोगों को ठीक नहीं कर सकता था तो उसने सोचा कि अराम का राजा उसके साथ एक युद्ध शुरू करने की कोशिश कर रहा है।

एलीशा ने इसके बारे में सुना और एक संदेश राजा के पास भेजा कि नामान को उसके पास भेज दें। एलीशा चाहता था कि अराम के लोग, सच्चे परमेश्वर को जाने। नामान और उसके आदमी अपने घोड़ों पर सवार होकर उस भविष्यद्वक्ता के घर पहुंचे और बाहर इंतज़ार किया। एलीशा ने अपने दास गेहज़ी को उसके पास बाहर, एक संदेश देकर भेजा की चंगा होने के लिए वह यरदन नदी में जाकर, सात बार डुबकी लगाए।

नामान बहुत गुस्सा हुआ और वहाँ से चला गया। उसने सोचा था कि वो भविष्यद्वक्ता बाहर आकर उसके कोढ़ के स्थान पर हाथ फेरेगा और प्रार्थना करेगा। अराम की नदियों का नामान को बहुत घमंड था। उसे लगा अगर नदी में धोने से चंगाई होती, तो वो अराम की किसी भी एक सुंदर सी नदी में नहा लेता। उसके सेवकों ने विनती की, कि अगर भविष्यद्वक्ता ने कुछ कठिन काम करने को कहा होता, तो क्या तू नहीं करता। पर उसने तो एक आसान सा काम कहा है 'नहाना'।

तो उसने यरदन नदी में जाकर सात बार डुबकी लगाई। वह चंगा हुआ और उसकी खाल एक जवान लड़के के समान हो गई। वहाँ से जाने से पहले, नामान ने एलीशा को बहुत सोना और चांदी देना चाहा, पर एलीशा ने मना किया क्योंकि वो नहीं चाहता था कि लोग यह सोचे कि परमेश्वर के चमत्कार पैसों से खरीदे जा सकते हैं। पर जब नामान चला गया, गेहज़ी उसके पीछे दौड़ कर गया और झूठ बोलकर, अपने स्वामी के नाम से नामान से बहुत चांदी और उपहार ले लिया। परमेश्वर ने एलीशा को यह सब दिखाया और उसने गेहज़ी से

पूछा, तो गेहज़ी ने झूठ कहा। तब एलीशा ने कहा अब नामान का कोढ़ तुझको लग जाएगा। और ऐसा ही हुआ।

एक लालची दिल, ऐसा दिल नहीं जो परमेश्वर के करीब रह सके। मसीही लोग ऐसे होते हैं, कि जो कुछ उनके पास है उसमें संतुष्ट रहते हैं और पैसों के पीछे नहीं भागते।

तुम्हारा दिल कैसा है?

42. योना और बड़ी मछली

यह कहानी इस्राएल के राजाओं के समय की है। एक दिन परमेश्वर ने एक भविष्यद्वक्ता जिस का नाम योना था, उसको नीनवे नाम के नगर के लोगों के पास जाने को कहा, कि उनसे कहे कि वे पाप करना बंद करें। योना उन की मदद नहीं करना चाहता था, वह चाहता था कि उन लोगों को उनके किए पापों की सज़ा मिले।

योना परमेश्वर की सुनने के बजाय, उस पानी के जहाज़ पर चढ़ गया, जो नीनवे से उल्टी दिशा में जा रहा था। रास्ते में भयंकर तूफान आया और जहाज़ को चारों तरफ से पटकने लगा। जहाज़ के चालक और काम करने वाले बहुत डर गए थे, लेकिन योना आराम से सो रहा था।

जहाज़ के चालक ने योना को ढूंढ कर जगा दिया और उससे कहा कि परमेश्वर से यह प्रार्थना करे कि वह जहाज़ को बचा लें। तब योना ने उनको बताया कि वो परमेश्वर से भागने की कोशिश कर रहा था, तो तूफान के लिए उन्होंने उसे ही दोषी माना और तूफान को रोकने का तरीका पूछा। योना ने कहा कि अगर वे उसे, पानी में फेंक देंगे तो तूफान रुक जाएगा।

उन्होंने योना को पानी में फेंका, तूफान रुका और समुद्र भी शांत हो गया। लोगों ने जाना कि योना एक सच्चे परमेश्वर में विश्वास करता था और वे परमेश्वर से प्रार्थना करने लगे। योना को पानी में एक बड़ी मछली ने निगल लिया, इस तरह परमेश्वर ने उसे डूबने से बचा लिया। तीन दिन और तीन रात योना मछली के पेट में से ही परमेश्वर से माफी माँग कर प्रार्थना करता रहा।

तीन दिन बाद मछली ने योना को सूखी ज़मीन पर उगल दिया। परमेश्वर ने फिर उससे नीनवे जा के, लोगों को चेतावनी देने को कहा, कि वे पाप करना रोकें, नहीं तो चालीस दिनों में वह नगर नाश हो जाएगा। वहाँ के राजा ने यह सुन कर सब को आदेश दिया कि

परमेश्वर कि सुनें, और पाप न करें। लोगों ने बुरे काम करने रोक दिये, परमेश्वर खुश हुए और उन्हें नाश नहीं किया।

इस पर योना को बहुत गुस्सा आया, उसे पता था कि नीनवे के लोग अपने पापों के लिए माफी मांगेंगे और परमेश्वर उन्हें क्षमा कर देंगे। वह नगर के बाहर पहाड़ी पर जाकर गुस्से में बैठा हुआ था। कहानी इस तरह अंत होती है कि परमेश्वर को उस नगर के लोगों की चिन्ता थी और इस लिए योना को भी उन कि चिन्ता होनी चाहिए।

परमेश्वर के लोगों को शत्रुओं से भी प्रेम करना चाहिए, यीशु ने यही सिखाया। लोगों को यीशु के बारे में बताएं ताकि वे नरक न जाएं, और अपने पापों की क्षमा माँगकर स्वर्ग जा सकें।

43. राजा हिजकिय्याह

इस्राएल जब दो राज्यों में बंटा, उस समय यहूदा का राज्य सबसे ज्यादा परमेश्वर का कहा मानता था। यहूदा के कई राजा हुए और हिजकिय्याह उन सब में सबसे महान राजा था। उसका पिता एक दुष्ट राजा था जिसने परमेश्वर को बहुत गुस्सा दिलाया। हिजकिय्याह पच्चीस साल का था, जब वो राजा बना। दाऊद के बाद, वही एक ऐसा राजा था, जो औरों से ज़्यादा परमेश्वर के पीछे चला।

सबसे पहले उसने वो मंदिर खुलवाया, जो उसके पिता ने बंद कराया था। उसने याजकों और लेवियों को अपने को शुद्ध करने, और मंदिर को साफ करने को कहा। उन्होंने गंदी चीज़ें वहाँ से बाहर निकालीं और बाकी सब कुछ साफ किया।

इसके बाद, लोग मंदिर में आए और बलिदान चढ़ाने लगे। लोग परमेश्वर के लिए गीत गाते और तुरही भी फूँकी जाती थी। सब आनंद मनाते, झुकते और परमेश्वर की आराधना करते थे। इतने बलिदान लाए जाते थे, कि याजक लोग सारा काम नहीं कर पाते थे। काम को पूरा करने के लिए लेवियों को उनकी मदद करनी पड़ती थी।

जब परमेश्वर यहोवा के लिए 'फसह का पर्व' मनाने का समय आया, तो राजा हिजकिय्याह ने सारे यहूदा और इस्राएल को संदेश भेजा। उसने सबको फसह के पर्व को यरुशलेम में,

एक साथ मनाने को बुलाया। परमेश्वर ने यहूदा और कुछ इस्राएल के लोगों के हृदय में ऐसा काम किया कि वह आकर फसह मनाएं।

यह त्यौहार सात दिनों तक चला। तब सारी भीड़ ने फैसला किया कि उसमें सात दिन और जोड़े जाएं। सब ने साथ मिलकर खुशियां मनाईं, चाहे वो यहूदा के हों या इस्राएल के। सब ख़त्म होने के बाद, लोग अपने घरों को लौट गए और अपनी कमाई का दसवां भाग परमेश्वर के मंदिर में देने लगे ।

यहूदा के पूरे इतिहास में, हिजकिय्याह जैसा और कोई राजा नहीं हुआ। उन्तीस सालों तक उसने राज्य किया।

परमेश्वर आज भी, ऐसे लोगों को ढूंढते हैं जो दूसरे लोगों को परमेश्वर के पास लाएं। तुम कोई राजा या राजकुमारी नहीं, फिर भी अपने आपको एक उदाहरण बना कर, दूसरों को परमेश्वर के पास ला सकते हो।

44. यरूशलेम का घेराव

परमेश्वर ने अब्राहम और उसके बच्चों से वायदा किया था, कि अगर वे उनका कहा माने तो वह उनकी मदद और सुरक्षा करेंगे। लेकिन परमेश्वर ने उनको यह चेतावनी भी दी थी कि अगर वो उनका कहा नहीं मानेंगे, तो वो उनके दुश्मनों को उनके विरोध में भेजेंगे। सबसे अधिक, यह इस्राएल के राजा ही थे, जो परमेश्वर की आज्ञा का पालन नहीं करते थे और इसीलिए, परमेश्वर ने पहले उन्हीं के राज्यों को नाश किया।

यहूदा के भी कई राजा बहुत बुरे थे, जिस वजह से परमेश्वर बहुत नाराज़ हुए। हिजकिय्याह राजा का बेटा मनश्शे तो बहुत ही दुष्ट था और बहुत से बुरे राजा उसके पीछे चले। तब परमेश्वर ने यह ठान लिया कि वो अपने लोगों को उस देश में से हटा लेंगे, जो उन्होंने उन्हें दिया था।

नबूकदनेस्सर, जो बाबेल का राजा था उसने यहूदा पर कब्ज़ा कर लिया। उसने सिदकिय्याह को यहूदा पर राजा बनाया। नौ साल राज्य करने के बाद, सिदकिय्याह ने बाबेल के विरोध में बलवा किया। उसने सोचा कि मिस्र देश उसकी मदद करेगा। परमेश्वर ने तब यिर्मयाह भविष्यद्वक्ता को, सिदकिय्याह को चेतावनी देने के लिए भेजा, कि अगर वो बलवा करेगा, तो बाबेल का राजा यरुशलेम को पूरी तरह से नाश कर देगा।

राजा सिदकिय्याह ने भविष्यद्वक्ता की बात नहीं सुनी, और उसने यिर्मयाह को जेल में डाल दिया। यिर्मयाह जेल में मरने ही पर था, पर परमेश्वर ने उसे जीवित रखा। जब नबूकदनेस्सर राजा को यह पता चला कि सिदकिय्याह राजा उसके विरोध में बलवा कर रहा है, तो उसने एक सेना को भेजकर यरुशलेम को घेर लिया। जल्द ही शहर में खाना खत्म हो गया, क्योंकि बाबेल के लोगों ने यरूशलेम नगर में कुछ भी अंदर आना और बाहर जाना बन्द कर दिया था।

यहूदा के लोगों ने बहुत परेशानी उठाई और अंत में बाबेल के लोगों ने यरूशलेम पर कब्ज़ा कर लिया। बहुत सारे लोग या तो मारे गए या फिर पकड़े गए, वह बाबेल जाकर उनके गुलाम बने। पर यिर्मयाह को आज़ाद किया गया और बाबेल ने उसे इनाम भी दिया। यहूदा के लिए यह एक बहुत दुख का समय था, पर परमेश्वर उनके साथ बहुत धीरज धर रहे थे।

याद रखें कि परमेश्वर तुम्हारे साथ भी बहुत धीरज रखते हैं। और यह उम्मीद रखते हैं कि तुम यीशु के पीछे चलोगे और उनकी आज्ञा मानोगे।

45. शद्रक, मेशक और अबेदनगो

राजा नबूकदनेस्सर ने, यरुशलेम नगर को नाश कर दिया था, और बचे हुए यहूदियों को बाबेल ले गया। उन बन्दियों में तीन जवान थे जिनका नाम शद्रक, मेशक और अबेदनगो था। बाबेल में उन्हें खास काम करने को दिए गए थे। एक दिन राजा ने तीस मीटर की एक बड़ी सोने की मूर्ति बनवाई, यानी ऊंचाई साठ हाथ और चौड़ाई छः हाथ की थी। नबूकदनेस्सर राजा ने यह घोषणा करवा दी थी, कि सब को झुक कर उस मूरत को दंडवत करना है, नहीं तो वे आग की भट्टी में फेंके जाएंगे।

यह तीनों जन जानते थे कि परमेश्वर यह नहीं चाहते कि हम उन्हें छोड़ किसी और की आराधना करें। क्योंकि वही परमेश्वर हैं और उन्होंने हमें बनाया है।

जब सबको उस मूर्ति के सामने झुक कर दण्डवत करना था, तो शद्रक, मेशक और अबेदनगो ने ऐसा नहीं किया। राजा के कुछ लोगों ने यह देखा और दौड़ कर उसको बताने गये। राजा नाराज़ हुआ और उसने हुक्म दिया कि शद्रक, मेशक और अबेदनगो को उसके पास लाया जाए। राजा के पूछने पर उन तीनों जवानों ने कहा, 'कि यह सच है'। तो राजा ने उनको एक और मौका दिया कि वो मूर्ति के सामने झुकें या फिर आग की भट्टी में डाले जाएं। उसने कहा, कौन देवता है जो उस आग में जलने से बचा सकता है?

शद्रक, मेशक और अबेदनगो ने उसे जवाब दिया, कि अगर वो आग की भट्टी में डाले जाऐंगे, तो जिस परमेश्वर की वो आराधना करते हैं, वे उन्हें बचा लेंगे। और अगर वो ऐसा न भी करें, तो भी वे उसके देवताओं की सेवा और पूजा नहीं करेंगे।

अब राजा नबूकदनेस्सर को और भी गुस्सा आया। उसने भट्टी की आग सात गुना तेज़ करवा दी और अपने कुछ बलवान सैनिकों को कहा कि इन तीनों को उस आग में फेंक दे। उनको आग में फेंकते समय वे सैनिक आग में जल मरे, क्योंकि भट्टी बहुत गर्म थी।

राजा नबूकदनेस्सर कूद कर अपने पैरों पर दंग होकर खड़ा हुआ, जब उसने देखा कि आग में तीन नहीं, चार आदमी चल रहे थे, बिना बंधे और बिना जले। चौथे व्यक्ति का स्वरुप परमेश्वर के पुत्र के समान लग रहा था। जलती हुई भट्टी के पास जाकर राजा नबूकदनेस्सर ने शद्रक, मेशक और अबेदनगो को बाहर आने को कहा। तीनों लोग बिना जले भट्टी के बाहर आ गए। न तो उनके कपड़े जले और न ही उनके बाल जले थे।

नबूकदनेस्सर ने तब जाना कि वे सच्चे परमेश्वर की आराधना करते हैं और इसलिए उसने इनको बचाने के लिए स्वर्गदूत भेजा क्योंकि वे सच्चे परमेश्वर में विश्वास और भरोसा रखते हैं। उस दिन राजा ने एक घोषणा की, कि कोई भी शद्रक, मेशक और अबेदनगो के परमेश्वर के लिए कुछ बुरा नहीं कहेगा, नहीं तो उनको बहुत बुरी सज़ा मिलेगी।

क्या तुम सच्चे परमेश्वर के लिए खड़े होने को तैयार हो, चाहे दूसरे लोग तुम पर दबाव डाल रहे हों ? दृढ़ता से खड़े रहो, परमेश्वर तुम्हें छुटकारा देंगे।

46. नबूकदनेस्सर का सपना

बाबेल के राजा नबूकदनेस्सर ने एक सपना देखा जिस से वह बहुत परेशान हुआ। उसने अपने सभी पंडितों को बुलवाया कि वे लोग, जो सपना राजा ने देखा था, वो और उसका क्या मतलब है यह दोनों ही बताएं। राजा ने ऐसा इसलिए किया कि अगर वो अपना सपना बताएगा तो कहीं वे लोग उससे झूठ न बोलें। राजा के पंडित लोग उसको उसका सपना और सपने का मतलब नहीं बता सके, तो राजा ने उन सब को मार डालने का हुक्म दिया।

दानिय्येल और उसके दोस्त भी उन बद्धिमानों में थे और उनको भी मौत का सामना करना पड़ता। लेकिन दानिय्येल ने राजा से थोड़ा और समय माँगा कि वो प्रार्थना कर सके। उसने और उसके तीनों दोस्तों ने प्रार्थना की। तब परमेश्वर ने दानिय्येल को राजा का सपना दिखाया और उसका मतलब भी बताया। फिर दानिय्येल राजा से मिलने को गया। नबूकदनेस्सर ने दानिय्येल से पूछा, कि क्या वो सच में ऐसा कर सकेगा? तब दानिय्येल ने उससे कहा कि यह काम कोई इंसान नहीं कर सकता, पर स्वर्ग में एक परमेश्वर हैं, जो ऐसा कर सकते हैं।

दानिय्येल ने राजा को बताया कि उसने अपने स्वप्न में एक बहुत बड़ी मूर्ति देखी। जिसका सिर सोने का, हाथ और सीना चांदी के, पेट और जांघ पीतल के, पैर लोहे के और पंजे मिट्टी और लोहे से मिलकर बने थे। अचानक से एक पत्थर जो बिना किसी के खोदे, अपने आप उखड़कर कर उस मूर्ति के पांवों पर लगा जो लोहे और मिट्टी के थे, उनको चूर-चूर कर डाला। लोहा, मिट्टी, पीतल, चांदी और सोना भी सब चूर-चूर हो गए और भूसे की नाईं हवा में ऐसे उड़ गए, कि उनका कहीं पता न रहा। वह पत्थर जो मूर्ति पर लगा था, वह बड़ा पहाड़ बनकर सारी पृथ्वी में फैल गया।

उसके बाद दानिय्येल ने राजा को इस सपने का मतलब समझाया कि परमेश्वर ने नबूकदनेस्सर के राज्य को एक सोने के सिर के समान बनाया है। उसके बाद एक और राज्य आएगा, जो चाँदी के समान होगा, वो इतना अच्छा नहीं होगा। फिर तीसरा राज्य, पीतल का होगा जो दुनिया में राज करेगा। चौथा राज्य, लोहे के समान मज़बूत होगा। आखिरी राज्य, भी बंट जाएगा, जिसकी ताकत लोहे के समान तो होगी पर मिट्टी की तरह कमज़ोर होगा।

जो पत्थर किसी के हाथ के बिन खोदे पहाड़ में से उखड़ा वो परमेश्वर का राज्य है, जो इंसान के हाथों से नहीं बन सकता। परमेश्वर संसार के सारे राज्यों को खत्म कर देंगे, पर उनके राज्य का अंत कभी न होगा।

नबूकदनेस्सर अपने मुँह के बल ज़मीन पर गिर कर परमेश्वर की आराधना करने लगा। उसने तब दानिय्येल को अपने राज्य में एक बड़ा पद दिया। उसको सारे प्रान्त पर हाकिम और बाबेल के सब पण्डितों पर, मुख्य प्रधान बनाया।

जब तुम को अपने जीवन में सही रास्ता ढूंढना हो या जीवन में मदद की ज़रूरत पड़े तो, दानिय्येल का उदाहरण याद रखना। परमेश्वर के पास प्रार्थना में जाओ, मदद के लिए तुम उन पर भरोसा कर सकते हो।

47. शेरों की मांद में दानिय्येल

दानिय्येल की यह कहानी, राजा दारा के समय की है। वो दानिय्येल को पसंद करता था, क्योंकि दानिय्येल में परमेश्वर का उत्तम आत्मा था, और वो ईमानदारी से काम करता था। इसलिए उसने दानिय्येल को पूरे देश के ऊपर अधिकार देकर ठहराया। राजा के नौकर इस बात से जलते थे और वो दानिय्येल पर कोई दोष लगाने के लिए वजह ढूंढने लगे, कि उसको परेशानी में डालें।

उनके सामने अब सिर्फ एक ही रास्ता बचा था, कि अगर वे उसके परमेश्वर के विरोध में कोई कानून बनाएं तो, वो राजा की आज्ञा न मान कर उसके सामने दोषी होगा। उन लोगों ने राजा दारा से कहा कि एक ऐसी कड़ी आज्ञा निकाले, कि कोई भी उसे छोड़ किसी और मनुष्य या देवता से विनती करे, तो वह शेरों की मांद में डाल दिया जाए। राजा तैयार हो गया, उसे यह नहीं पता था, कि इससे दानिय्येल को चोट पहुंचाने की कोशिश की जा रही थी।

दानिय्येल ने इस कानून के बारे में सुना, फिर भी, दिन में तीन बार वो खुली खिड़की, के सामने जहाँ प्रार्थना करता था वैसे ही करता रहा। जब इन लोगों ने यह देखा तो दौड़कर राजा को बताने गए। राजा बहुत दुखी हुआ, क्योंकि वो दानिय्येल को चाहता था। उसने कोशिश की पर उस बने हुए कानून के कारण वह दानिय्येल को नहीं बचा सका। और दानिय्येल को शेर की मांद में डाला गया। उस रात, दानिय्येल की चिंता में राजा ने कुछ नहीं खाया और न वो सोया।

अगले दिन, भोर होते ही राजा दौड़ कर शेरों की मांद पर गया, और दानिय्येल को पुकार कर पूछा, कि 'क्या जिस परमेश्वर की वह आराधना करता है, उसने उसे बचाया'। दानिय्येल ने पलट कर जवाब दिया कि, 'परमेश्वर ने स्वर्ग दूत भेज कर, शेरों के मुंह बंद कर दिये थे।' राजा बहुत खुश हुआ और उसे बाहर निकल वाया। दानिय्येल के ऊपर एक खरोंच तक नहीं थी, क्योंकि वह परमेश्वर पर भरोसा करता था।

राजा को उन लोगों पर गुस्सा आया जिन्होंने चालाकी से दानिय्येल को सज़ा दिलवाई

थी। राजा ने उनको उसी शेरों की मांद में डलवा दिया। उसके बाद राजा ने एक नया कानून बनाया कि 'दानिय्येल का परमेश्वर महान है, और उसके राज्य में सभी को उस प्रभु परमेश्वर का आदर करना होगा'।

अगर तुम यीशु के पीछे चलोगे, तो लोग तुम्हें गलत होने का दोष देंगे। पर अगर तुम विश्वासयोग्य रहो तो परमेश्वर तुम्हें बचा लेंगे।

48. रानी एस्तेर की कहानी

यह कहानी 'क्षयर्ष' नाम के राजा के दिनों की है, जो भारत से लेकर कूश देश तक राज्य करता था। उसकी राजगद्दी शूशन नामक राजगढ़ में थी। जो लोग राजा के नीचे राज्य करते थे, उनके लिए राजा ने एक उत्सव रखा। उन दिनों में से एक दिन उसने अपनी सुंदर रानी 'वशती' को उत्सव में बुलवाया। रानी ने राजा की आज्ञा नहीं मानी। राजा 'क्षयर्ष' को गुस्सा आया और उसने रानी को उसके पद से ही हटा दिया।

तब राजा ने एक नई रानी की खोज शुरू की। सुंदर जवान लड़कियों को महल में लाया गया ताकि राजा उनमें से किसी एक को नई रानी चुने। इन लड़कियों में 'एस्तेर' नाम की लड़की भी थी। एस्तेर, मोर्दकै नाम के यहूदी की चचेरी बहन थी। उसके माता–पिता नहीं थे, इसलिए मोर्दकै ने उसे गोद लेकर अपनी बेटी की तरह पाला था।

नई रानी के रूप में एस्तेर चुनी गई, पर राजा को यह नहीं पता था कि वो एक यहूदी है। एक दिन मोर्दकै को पता चला कि राजा के दो सिपाही राजा को जान से मार देना चाहते थे। उसने एस्तेर को बताया और एस्तेर ने राजा को सूचित किया। तब रहस्य खुल गया और दोनों सिपाहियों को पकड़ लिया गया।

राजा का सबसे बड़ा सलाहकार 'हामान' एक बहुत बुरा आदमी था। वो चाहता था कि सब उसके सामने झुकें। मोर्दकै ने ऐसा करने से इनकार किया क्योंकि वह यहूदी था। हामान को बहुत गुस्सा आया और राजा को यह कहकर कि यह वे लोग हैं जो राजा का आदेश नहीं मानते, उसने मोर्दकै की सारी जाति को मरवाने की योजना बनाई, और राजा ने भी बिना पूरा सच जाने हामान को ऐसा करने का अधिकार दे दिया।

एक दिन ठहरा दिया गया जब सारे यहूदियों को मार डाला जाये। उनके लिए कोई भागने और छिपने की जगह नहीं थी।

मोर्दकै से सब पता चलने के बाद, रानी एस्तेर ने कहा, कि सब यहूदी उसके लिए तीन दिन उपवास और प्रार्थना करें और वह भी वैसा ही करेगी। अपने लोगों को बचाने के लिए, वो बिना बुलाए राजा के सामने जाने की तैयारी में थी। राजा के बिना बुलाए जाने पर मृत्यु दंड मिल सकता था, लेकिन उसने जोखिम उठाया।

एस्तेर राजा के पास गई। राजा उसे देखकर बहुत खुश हुआ। एस्तेर ने राजा और हामान को खाने पर बुलाया और वहाँ उसने हामान की बुरी योजना, जो यहूदियों के विरोध में थी, उसे बताई। इस बात को सुनकर राजा बहुत गुस्सा हुआ और उसने हामान को फांसी के खम्भे पर लटकवा दिया, जो उसने मोर्दकै के लिए बनवाया था।

आखिरी में एस्तेर ने राजा को बताया कि वो एक यहूदी थी। उसने राजा से विनती की, कि उसके लोगों को छोड़ दिया जाए। उस दिन राजा ने एक नया कानून बनाया, कि जब यहूदियों पर आक्रमण हो, तो वे अपने को बचा सकते हैं। इस तरह एस्तेर रानी ने अपने लोगों को बचा लिया।

परमेश्वर की, तुम्हारे लिए भी एक योजना है। वह समय आने पर, काम करने के लिए तुमको हिम्मत देंगे, जिसकी तुमको ज़रुरत होगी।

49. यरुशलेम में वापसी और दूसरा मंदिर

इससे पहले कि बाबेल यरूशलेम को नाश करता, यिर्मयाह भविष्यद्वकता ने कहा था कि यहूदा के लोग सत्तर सालों तक बंदी रहेंगे। फिर एक दिन फारस के राजा ने कहा कि परमेश्वर ने उससे कहा है कि उसके लोगों को वापस यरुशलेम भेजें ताकि वह मंदिर जो नाश हो चुका था, उसे फिर से बनाएं।

जब यरूशलेम नाश किया गया था, तब सोना, चांदी और जो चीज़ें मंदिर से ली गई थीं, इस राजा ने वे सब मंदिर को लौटा दीं। उसने उन्हें परमेश्वर को बलिदान चढ़ाने के लिए जानवर भी दिए। जैसे परमेश्वर ने ह्रदयों में काम किया, बहुत लोगों ने वापस लौटने की चुनौती को अपनाया। जो खुद नहीं जा सके, उन्होंने सोना और बाकी ज़रूरतों का सामान उन्हें दिया।

वहाँ पहुँचकर लोगों ने मंदिर की जगह पर बलिदान चढ़ाए, आनंद से भर कर चिल्लाए और मंदिर बनाना शुरू कर दिया।

सत्तर साल पहले जब बाबेल, यहूदा के लोगों को बंदी बना कर ले गया था, तो और देशों के लोग यहूदा में आकर रहने लगे। वो इस बात से खुश नहीं थे कि यहूदी लोग अब लौट आए हैं। उन्होंने काम रुकवाने की कोशिश भी की पर ऐसा नहीं हुआ। फिर फारस के नए राजा को इन लोगों ने संदेश भेजा और मंदिर का काम रुकवाने के लिए मना लिया। यहूदियों का काम रुक गया और उन्हें इंतज़ार करना पड़ा।

कई सालों के बाद हाग्गै भविष्यद्वकता ने लोगों से कहा, कि परमेश्वर चाहते हैं कि मंदिर बनाएं। फिर से मंदिर बनाना शुरू हुआ और लोगों ने फिर काम को रूकाने की कोशिश की, उन्होंने राजा से भी विनती की, कि काम रुकवा दे। तब फिर से फारस में एक और नया राजा था जिसने यह आज्ञा दी कि, जो कोई मंदिर के बनाने का विरोध करे वो मरवा दिया जाएगा। जो काम रुकवा रहे थे, वे डर गए और मंदिर का काम पूरा हुआ।

बहुत से लोगों ने जब यह देखा कि मंदिर बन गया, तो वो बहुत खुश हुए, उनमें से कुछ बड़े–बूढ़े लोगों को सुलैमान के बनाए महान मंदिर की याद आई। वह उदास थे क्योंकि यह नया मंदिर तो छोटा था और उतना सुंदर भी नहीं था।

हाग्गै फिर परमेश्वर की ओर से एक और संदेश लाया। जो लोग सुलैमान के बनाए मंदिर को याद कर रहे थे, उसने उनसे कहा कि वे निराश न हों। परमेश्वर ने कहा है कि 'इस मंदिर की महिमा तुम्हारी सोच से भी बड़ी होगी। वो राष्ट्रों को हिलाएंगे और सारे संसार का ध्यान इसी जगह पर होगा।' यह सुनकर सभी को अच्छा लगा।

क्या तुम्हारा काम, तुमको कभी छोटा और तुच्छ लगता है ? अगर तुम्हारा दिल परमेश्वर के काम को करना चाहता है, तो उनके लिए कोइ भी काम छोटा नहीं है। उनके प्रति विश्वासयोग्य रहो और वो एक दिन तुमको मुकुट देंगे।

नया नियम

1. यीशु का जन्म

बहुत समय पहले मरियम नाम की एक कुँवारी स्त्री, इस्राएल के नासरत शहर में रहती थी। मरियम परमेश्वर से बहुत प्रेम करती थी। उसकी मंगनी यूसुफ नाम के बढ़ई के साथ हुई थी, कि उनकी शादी हो।

एक दिन जब मरियम अपने घर में थी, एक स्वर्गदूत उसके सामने आ खड़ा हुआ। मरियम आश्चर्यचकित रह गई क्योंकि, उसने पहले कभी स्वर्गदूत नहीं देखा था। उसने मरियम को बताया कि उस पर परमेश्वर का अनुग्रह हुआ है और प्रभु उसके साथ हैं। उस स्वर्गदूत नें मरियम से कहा, कि वो डरे नहीं। उसको एक बालक पैदा होगा और वो उसका नाम 'यीशु' रखे।

मरियम यह समझ नहीं सकी, क्योंकि उसकी अभी तक यूसुफ से शादी नहीं हुई थी, तो वो सोचने लगी कि वो गर्भवती कैसे हो सकती है। उस स्वर्गदूत ने उसे विश्वास दिलाया कि पवित्र आत्मा की सामर्थ से यह चमत्कार होगा, और वह गर्भवती होगी, बिना यूसुफ के योगदान के। और इसी के कारण वह बालक परमेश्वर का पुत्र कहलायेगा।

स्वर्गदूत ने उसको यह भी बताया, कि उसकी रिश्तेदार एलीशिबा को भी जल्द ही एक बेटा होने वाला है। जबकि वह बाँझ कहलाती थी और बूढ़ी हो चुकी थी, वह भी अब गर्भवती थी। परमेश्वर के लिए कुछ भी असम्भव नहीं है।

मरियम ने उस स्वर्ग दूत के सामने अपने घुटने टेकते हुए यह कहा कि, 'देख, मैं प्रभु की दासी हूँ ,तेरे वचन के अनुसार मेरे साथ ऐसा ही हो।' तब वह स्वर्गदूत वहां से चला गया, और मरियम अकेली रह गई।

ऐसा होने के बाद, कुछ समय में यूसुफ को यह पता चला कि मरियम गर्भवती है। यूसुफ बहुत परेशान हुआ, तब सपने में एक स्वर्गदूत उसके पास आया और उससे कहा, कि वह

मरियम को अपनी पत्नी स्वीकार करने से ना डरे। क्योंकि जो उसके गर्भ में है, वह पवित्र आत्मा की ओर से है। वह पुत्र परमेश्वर की संतान है, और तू उसका नाम 'यीशु' रखना। जब यूसुफ अपनी नींद से उठा तो उसने जान लिया कि यह तो परमेश्वर का अद्भुत काम है, और अब वो परेशान और उदास भी नहीं था।

उन दिनों में वहाँ की सरकार ने इस्राएल के लोगों को कहा कि, वो सब जनगणना के लिए अपना नाम लिखवाने के लिए अपने अपने नगर जायें। इसलिए यूसुफ मरियम को अपने शहर बैतलहम लेकर गया। मरियम के लिए यह एक बहुत लम्बी और थकाने वाली यात्रा थी, क्योंकि जल्द ही वो बच्चे को जन्म देने वाली थी।

जब वे बैतलहम पहुँचे, सारे सराय भरे थे और रहने की कोई जगह नहीं थी। आखिरी में किसी ने उन्हें एक जगह दी, जहाँ जानवरों को रखा जाता था। वहाँ बहुत भूसा था और वह जगह गरम भी थी। उस रात मरियम ने बच्चे को जन्म दिया। वो कोई साधारण बालक नहीं, यह तो 'यीशु' थे ! जो सारे संसार के सृष्टिकर्ता, राजाओं के राजा, और वो थे जो संसार को उसके पापों से बचाने वाले थे।

यह नन्हा बालक, मरियम की गोद में जब सोया, तो उसने उसे कपड़ों में लपेटकर भूसे की चरनी में लिटा दिया। वे दोनों परिवार बन कर खुश थे, इस विशेष बालक को पाकर।

क्या तुम भी परमेश्वर के परिवार का हिस्सा बनना चाहोगे?

2. चरवाहों को स्वर्गदूतों का संदेश

जिस रात यीशु पैदा हुए, कुछ गड़रिये यरूशलेम के बाहर मैदान में अपनी भेड़ों की रखवाली कर रहे थे। अचानक से तेज़ रोशनी उनपर चमकी, कि वो गड़रिये कुछ देख नहीं पा रहे थे। एक सुंदर सा स्वर्गदूत उनके सामने, हवा में, उनके ऊपर आ खड़ा हुआ।

वे बहुत डर गये। फिर स्वर्गदूत ने उनसे कहा कि वे डरे नहीं। उसने कहा कि वह सब लोगों के लिए एक खुशख़बरी लेकर आया है। 'आज बैतलहम में एक बालक जन्मा है, जो संसार को पापों से बचाएगा। वे इस बालक को कपड़े में लिपटा हुआ और चरनी में पड़ा पाएंगे।'

अचानक से उस स्वर्गदूत के साथ स्वर्गदूतों का एक दल परमेश्वर की स्तुति करते हुए और यह कहते हुए दिखाई दिया, 'आकाश में परमेश्वर की महिमा और पृथ्वी पर उन मनुष्यों

में जिनसे वे प्रसन्न हैं , शांति हो।' फिर वो चले गये। गड़रिये अचंभित और खुश हुए, और यह सोचने लगे कि क्या यह समाचार बाकी लोगों को पता है, या केवल उनको? अब तो उन्हें जाकर इस बालक को देखना होगा, जिसके बारे में स्वर्गदूत कह रहे थे।

वे लोग जल्दी से गए और जैसा उन्होंने सुना था, बालक यीशु को वैसा ही पाया। यीशु को देखकर वे चरवाहे अपने घुटनों पर आ गए। वो आनंद से भर गए थे, कि उन्होंने प्रभु को देख लिया। इससे मरियम को अचंभा हुआ और खुशी भी हुई। वह यह सोचने लगी कि जब उसका बेटा बड़ा होगा, तब सब कुछ कैसा होगा और यह कि वो कितना महत्वपूर्ण व्यक्ति होगा।

यीशु के पूरे जीवन भर, परमेश्वर लोगों को यह याद दिला रहे थे, कि यीशु ही वायदा किया हुआ मसीहा हैं।

आज भी परमेश्वर हमें यही याद दिला रहे हैं।

3. तीन ज्योतिषी

जिस समय यीशु का जन्म हुआ, उन दिनों में हेरोदेस नाम का एक राजा इस्राएल पर राज्य करता था। यीशु के जन्म लेने के बाद, दूर देश में कुछ ज्योतिषियों ने आसमान में एक बहुत तेज़ चमकता तारा देखा। उनको मालूम था कि इस तारे के चमकने का मतलब यह है कि इस्राएल का राजा, जो सारे संसार को पापों से बचाएगा, उसका जन्म हुआ है। जब वे यरुशलेम आये, तो इन ज्योतिषियों ने वहाँ के राजा हेरोदेस से इस तारे और बालक के बारे में पूछा। यह सुनकर हेरोदेस राजा को बहुत चिंता होने लगी।

तब हेरोदेस ने अपने यहूदी इतिहास लिखने वाले माहिरों से पूछा, कि आने वाले मसीहा का जन्म कहाँ पर होगा? उन्होंने भी यही बताया कि बालक बैतलहम में पैदा होगा।

हेरोदेस राजा ने उन तीन ज्योतिषियों को बुलाया और उनसे कहा, कि वे जाकर उस बालक के बारे में पता करें। फिर लौट कर उसे बताएं ताकि वो भी जाकर उसकी आराधना कर सके। उन ज्योतिषियों को पूरी तरह से यह नहीं मालूम था कि वह बालक कहाँ पैदा हुआ है, पर रात को उन्होंने पूर्व दिशा के उस चमकते तारे का पीछा तब तक किया जब तक कि वो एक जगह आकर रुका। यह वही जगह थी जहाँ यीशु का जन्म हुआ था।

जब उन्होंने यीशु को वहाँ पाया तो उन्होंने अपने उपहार सोना, मुर्र और लोबान उसके सामने खोल कर रख दिये। यह बहुत महंगे उपहार होते थे। जो, एक बच्चे को नहीं बल्कि एक राजा को ही दिए जाते थे।

उस रात उन ज्योतिषियों ने एक सपना देखा, जिसमें उन्हें परमेश्वर ने बताया कि वे लौटकर

हेरोदेस राजा के पास ना जाएं, और ना उसे बताएं कि यीशु कहाँ हैं, क्योंकि वो उन्हें जान से मार देना चाहता था। हेरोदेस राजा उस बालक से इसलिए जलता था कि कहीं एक दिन वो उससे महान ना बन जाए। इसलिए उन ज्योतिषियों ने अपने घर लौटने के लिए दूसरा रास्ता लिया ताकि हेरोदेस से ना मिल पाएं।

उनके जाने के बाद, यूसुफ ने एक सपना देखा जिसमें स्वर्गदूत ने उससे कहा कि वो यीशु और मरियम को लेकर मिस्र देश को चला जाए। और जब तक उसे लौटने के लिए ना कहा जाए मिस्र में ही रहे। युसूफ एकदम उठा और बालक यीशु और मरियम को लेकर, बीच रात में ही मिस्र देश को चला गया।

यह छोटा परिवार मिस्र में सुरक्षित था। जब राजा हेरोदेस की मृत्यु हो गई तो स्वर्गदूत ने फिर लौटकर यूसुफ से कहा कि वह इस्राएल के नासरत नगर में जा कर रहे। यही वो जगह थी जहाँ यीशु बड़े हुए।

यीशु इस दुनिया में एक बड़े काम के लिए आए थे। जिसके लिए उन्होंने विरोध का भी सामना किया। अगर तुम भी परमेश्वर का काम करोगे तो तुम्हें भी कठिनाइयों और विरोध का सामना करना पड़ेगा। विशेष बात यह है कि परमेश्वर तुम पर नज़र रखते और तुम्हें बचाते हैं , उनकी आँखों से कुछ भी नहीं छिप सकता।

क्या परमेश्वर तुम से बात करते हैं? उन्हें पुकारो और वो तुम्हें उत्तर देंगे और सुरक्षित भी रखेंगे।

4. बालक यीशु मंदिर में

फसह के पर्व के समय, इस्राएल में जो सारे यहूदी लोग थे वे यरूशलेम आराधना करने को जाया करते थे। युसूफ, मरियम और यीशु भी गए, तब यीशु बारह वर्ष के थे। और जब वे उन दिनों को पूरा करके लौटने लगे, तो बालक यीशु यरुशलेम में ही रह गए। यह बात उनके माता–पिता नहीं जानते थे। वह यह समझ रहे थे कि यीशु बाकी यात्रियों के साथ होंगे। जब एक दिन निकल गया तो वे यीशु को अपने जान–पहचान वालों में ढूंढने लगे। पर जब वे नहीं मिले तो ढूंढते–ढूंढते यरुशलेम को फिर लौट आए। तीन दिन के बाद उन्होंने यीशु को मंदिर में गुरुओं के बीच में बैठे, उनकी सुनते और उनसे प्रश्न करते हुए पाया।

उनकी परमेश्वर के वचन के बारे में जो ज्ञान और समझ थी, उससे सभी बहुत चकित थे।

यीशु परमेश्वर पिता से बहुत प्रेम करते थे, इसलिए वह मंदिर में रह गए। मरियम वहाँ पहुँची और उसने यीशु से कहा कि, तूने हमसे ऐसा व्यवहार क्यों किया? देख तेरे पिता और मैं बहुत परेशान होकर तुझे ढूंढ रहे थे। तब बालक यीशु ने उनसे कहा, 'तुम मुझे क्यों ढूंढते हो? क्या नहीं जानते कि मुझे अपने पिता के भवन में होना आवश्यक है? यीशु को इस बात पर आश्चर्य हुआ कि उनको यह पता नहीं था कि वो अपने स्वर्गीय पिता परमेश्वर का काम कर रहे होंगे।

जबकि यीशु अपनी उम्र से ज्यादा बुद्धिमान थे, वह अपने माता पिता की सारी आज्ञा मानते थे। वे उनके साथ वापस नासरत को लौटे, और साधारण जीवन में संतुष्टि से रहे। यीशु ने अपने पिता से बढ़ई का काम सीखा और अपने माता पिता की मदद करते थे, जब तक उन्होंने परमेश्वर कि सेवकाई शुरू नहीं की।

जो कुछ यीशु ने किया, वह हमारे लिए एक उदाहरण के समान है। उन्होंने पिता परमेश्वर की और सांसारिक माता पिता की आज्ञाओं को भी पूरा किया।

क्या तुमने अपने माता–पिता की आज्ञा मानना सीखा है? जैसा यीशु ने किया, परमेश्वर हमसे भी यही चाहते हैं।

5. यीशु का बपतिस्मा

एक व्यक्ति था, जो यूहन्ना बपतिस्मा देने वाले के नाम से जाना जाता था। वह यीशु का मौसेरा भाई था, एक भविष्यवक्ता, जो लोगों को बताता कि वे अपने पापों से मन फिराएं और परमेश्वर के पीछे चलें। वो दूसरों की मदद करना चाहता था कि उनका जीवन बदल जाए, ताकि वे अंदर से एकदम नए व्यक्ति बन जाएं।

यूहन्ना एक साधारण व्यक्ति था। उसका यह काम था कि यीशु के आने से पहले वो उनके लिए मार्ग सुधार कर तैयार करे। वो प्रचार करके लोगों को जंगल में बपतिस्मा देता था।

जब कुछ यहूदी धर्म गुरु यूहन्ना का प्रचार सुनने आए, तो उसने उन्हें कड़ी चेतावनी दी। उसने कहा कि, उनको अपने बुरे कामों का गहराई से पछतावा होना चाहिए और परमेश्वर से अपने पापों की क्षमा माँगनी चाहिए। क्योंकि इन लोगों को यह लगता ही नहीं था कि वो कुछ गलत कर रहे हैं, इसलिए यूहन्ना उन्हें बपतिस्मा नहीं देता था।

जैसे लोग, यूहन्ना के पास बपतिस्मा लेने के लिये आ रहे थे, वे सोचते थे कि कहीं यूहन्ना तो वह मसीहा नहीं जिसका वो इंतज़ार कर रहे हैं। यूहन्ना ने उनको बात करते सुना और उनको बताया, कि वो मसीहा नहीं है। उसने कहा कि वो तो उनको केवल पानी से बपतिस्मा दे रहा है, पर जल्द ही कोई जो उससे महान और सामर्थी है आएगा और उन्हें पवित्र आत्मा का बपतिस्मा देगा।

एक दिन यीशु बपतिस्मा लेने के लिए आए। यूहन्ना ने अपने आप को इस योग्य नहीं जाना कि वो यीशु को बपतिस्मा दे, जो संसार को उनके पापों से बचाएंगे। यूहन्ना ने विनती की, कि यीशु उसको बपतिस्मा दे, क्योंकि यीशु में कोई पाप नहीं था। फिर भी यीशु ने उससे कहा, कि यह ज़रूरी है, कि उस समय यूहन्ना ही यीशु को रीति अनुसार बपतिस्मा दे। क्योंकि यीशु दूसरों के लिए उदाहरण बनना चाहते थे।

इसलिए यूहन्ना ने यीशु को बपतिस्मा दिया। उसने यीशु को पानी में नीचे डुबा कर वापस बाहर निकाला। उसी समय आसमान खुल गया और पवित्र आत्मा यीशु पर उतरा, एक सुंदर सफेद कबूतर के रूप में। फिर आसमान में से एक आवाज़ आई, 'यह मेरा प्रिय पुत्र है, जिससे मैं बहुत प्रसन्न हूँ।'

यीशु ने अपनी सेवकाई बपतिस्मा लेने के बाद शुरू की और अंत करते समय अपने चेलों को यह आज्ञा दी कि वे दूसरों को, जो उस पर विश्वास करें, उन्हें बपतिस्मा दें।

आज भी उन लोगों का जो अपने पापों की क्षमा मांग कर, यीशु मसीह के पीछे चलते हैं इसी तरह बपतिस्मा होता है, और वह परमेश्वर की सेवा की शुरुआत इस नए जीवन से करते हैं।

क्या तुम्हारा बपतिस्मा हुआ है?

6. यीशु की परीक्षा

यीशु के बपतिस्मे के बाद वो पवित्र आत्मा से भरे हुए, आत्मा की अगुवाई से जंगल में फिरते रहे। जहाँ चालीस दिन तक शैतान उनकी परीक्षा करता रहा। उन दिनों में उन्होंने कुछ ना खाया था। जब वे दिन पूरे हो गए, तो उन्हें भूख लगी, इस पर शैतान ने उन्हें परखा।

जब हम कमज़ोर होते हैं तो शैतान हमें भी परीक्षा में डालता है। शैतान ने यीशु को चुनौती दी, कि अगर वो परमेश्वर के पुत्र हैं तो पत्थरों से कहें कि वह रोटी बन जाए। शैतान को मालूम था कि यीशु भूखे थे। यीशु ने उससे कहा, कि 'मनुष्य केवल रोटी ही खाकर जीवित नहीं रहता, पर परमेश्वर के वचन को सुनने से जो उनके मुख से निकलता है, जीवित रहेगा'।

फिर शैतान, यीशु को पवित्र नगर के मंदिर की चोटी पर ले गया। शैतान ने यह कहते हुए उन्हें ताना मारा, कि अगर वह सच में परमेश्वर का पुत्र है, तो वह अपने को वहाँ से नीचे गिरा दे, और होने दे कि स्वर्गदूत उसको हाथों-हाथ उठा लें। इस पर यीशु ने उससे कहा कि, 'हमें परमेश्वर को परीक्षा में नहीं डालना चाहिए'।

आखिर में शैतान, यीशु को एक ऊँचे पहाड़ पर ले गया और वहाँ से सारे जगत के राज्य और उसकी चमक धमक दिखाकर उनसे कहा, कि यदि वह उसके सामने गिर कर उसे प्रणाम करें, तो शैतान उन्हें वे सारे राज्य दे देगा। यीशु ने शैतान को डांटते हुऐ चले जाने को कहा, चिताते हुए कि 'हमें केवल प्रभु अपने परमेश्वर को प्रणाम करना और केवल उसी की आराधना करनी है'!

अंत में शैतान वहाँ से चला गया, और स्वर्गदूत आकर उनकी सेवा करने लगे।

जबकि शरीर में यीशु कमज़ोर और भूखे थे, उन्होंने परीक्षा आने पर शैतान का कहना नहीं माना। परमेश्वर हमसे भी यही आशा रखते हैं, कि हम भी पाप में न पड़ें।

ऐसी कौन सी परीक्षा है जिसे तुमको 'न' कहना है?

7. यीशु ने अपने चेले चुने

एक दिन यीशु गलील की झील के किनारे चल रहे थे। यह एक बहुत बड़ी और सुंदर झील थी और लोग वहाँ मछलियाँ पकड़ते थे। झील के किनारे दो नावें खड़ी थी। और मछुए उन पर से उतर कर अपने जाल को जिसमें वह मछली पकड़ते थे, उसे धो रहे थे।

यीशु ने रुक कर शमौन(पतरस) और उसके भाई अन्द्रियास को काम करते देखा। शायद वे परेशान थे, क्योंकि वह दोनों रात भर में एक भी मछली नहीं पकड़ सके।

यीशु शमौन(पतरस) की नाव में चढ़कर उससे कहते हैं कि वो अपनी नाव को किनारे से थोड़ा हटा ले। क्योंकि बहुत बड़ी भीड़ यीशु के साथ, परमेश्वर के वचन को सुनने के लिए वहाँ थी। तब वह बैठकर लोगों को नाव पर से शिक्षा देने लगे।

जब यीशु ने शिक्षा देनी बंद की, तो उन्होंने शमौन और अन्द्रियास से कहा कि वो नाव को गहरे पानी में ले चलें और अपना जाल पानी में डालें। इस पर शमौन(पतरस) ने कहा कि वे दोनों सारी रात मछली पकड़ने की कोशिश करते रहे लेकिन कुछ पकड़ नहीं सके। फिर भी यीशु के कहने पर शमौन ने जाल को पानी में डाला और बहुत सी मछलियाँ घेर लाए, कि उनके जाल फटने लगे।

इसपर उनके साथी जो दूसरे नाव पर थे उन्हें शमौन(पतरस) ने हाथ हिलाकर बुलाया कि आकर उनकी सहायता करें। उन्होंने आकर दोनों नावें यहाँ तक भर लीं कि वे डूबने

लगीं। शमौन(पतरस) यीशु के पाँव पर गिरा और कहा, हे प्रभु मेरे पास से जा, क्योंकि मैं पापी मनुष्य हूँ।

याकूब, यूहन्ना और सारे लोग यीशु के इस काम को देख कर दंग थे। तब यीशु ने शमौन(पतरस) को और दूसरे लोगों को अपने पीछे हो लेने के लिए बुला लिया। यीशु ने कहा कि वे उनको मनुष्यों को पकड़ने वाला बनाएंगे।

अद्‌भुत बात यह है कि यह लोग जो कुछ कर रहे थे, एकदम छोड़कर यीशु के साथ चल दिए। उन्होंने अपनी नाव, अपने जाल और वो मछलियाँ भी जो उन्होंने पकड़ी थीं सब छोड़ दिया। उन्हें संसार की कोई चिंता नहीं थी क्योंकि वे जान गए थे कि वो यीशु पर भरोसा रख सकते हैं।

यीशु ने बारह लोगों को अपने पीछे आने के लिए और अपना चेला बनाने के लिए चुना। शमौन(पतरस) जिसे यीशु ने पतरस(यानी 'चट्टान') कहा, उसका भाई अन्द्रियास, याकूब और यूहन्ना(भाई थे), फिलिप्पुस और बरतुल्मै, थोमा और चुंगी लेने वाला मत्ति, याकूब और तददै, शमौन(कनानी) और यहूदा इस्करियोती(जो बाद में विश्वासघात करेगा)। वह सब एक मन के थे, उन्होंने परमेश्वर के बारे में बताने में यीशु की मदद की और मनुष्य को परमेश्वर के लिए जीतने वाले बन गए।

यीशु चाहते हैं कि हम भी उनके चेले बनें। तुम ऐसा क्या कर सकते हो कि उनके चेले बनो।

8. काना में विवाह

यीशु को, उनके परिवार और उनके चेलों को, गलील के काना शहर में एक विवाह में बुलाया गया था। जश्न के समय, मरियम ने यीशु को बताया कि विवाह के घर वालों के पास दाखरस खत्म हो गया। और यह दूल्हा और दुल्हन दोनों के लिए शर्म की बात होगी। मरियम जानती थी कि यीशु उनके लिए चमत्कार कर सकते हैं। यीशु ने कहा कि उनका समय अभी नहीं आया है, पर मरियम को तब भी यह विश्वास था कि यीशु उनके लिए उपाय कर सकते हैं।

मरियम ने सेवकों से कहा कि यीशु तुमसे जो कुछ कहें, वैसा ही करना। वहाँ यहूदियों के शुद्ध करने की रीति के लिए पत्थर के छः बड़े मटके रखे थे, जिन में दो से तीन मन पानी आता था। ये धुलाई के लिये रखें जातें थे। यीशु ने सेवकों को कहा कि उन छः बड़े मटकों को पानी से भर दें। फिर यीशु ने कहा कि उस में से निकाल कर भोज के प्रधान के पास ले जाएं, जो विवाह का सारा इंतज़ाम देख रहा था। जैसा यीशु ने कहा, सेवकों ने वैसा ही किया। जब उस भोज के प्रधान ने वह पानी चखा तो वो दाखरस बन गया था। यह दाखरस ही नहीं परंतु उत्तम दाखरस था।

उस भोज के प्रधान ने घोषणा की, और लोगों की तरह नहीं जो पहले अच्छा दाखरस देते हैं, और जब लोग पीकर छक्क जाते हैं, तब मध्यम दाख रस देते हैं, परंतु इन दूल्हा–दुल्हन ने उत्तम दाखरस बाद तक रखा है। यह कैसे हुआ, सब को नहीं पता था पर यीशु के चेलों ने इस पहले चमत्कार को देखा और उनमें विश्वास किया।

परमेश्वर उदारत से देते हैं। यीशु हमारे लिए बहुतायत से उपाय करने के लिए आए। अगर हम परमेश्वर के समान होना चाहते हैं तो हमको भी उदार होना होगा। यहूदियों ने कई महान भविष्यद्वकता देखे, जिन्होंने कई सालों पहले चमत्कार किए। पर परमेश्वर ने तो उत्तम को अंत के लिए बचा रखा, हमारे लिए आखिरी में यीशु को भेजा।

चाहे तुम्हारी समस्या कितनी बड़ी क्यों न हो, यीशु तुम्हारे लिए र्माग निकाल सकते हैं। अगर तुम उन में विश्वास करो, उन्हीं की ओर देखो और मनुष्य की ओर नहीं।

परमेश्वर ने यीशु को हमारे लिए अंत में क्यों भेजा?

9. पहाड़ी उपदेश

यीशु के बारह चेले थे। जैसे वे एक नगर से दूसरे नगर चल कर जाते, यीशु उनको शिक्षा देते जाते थे। एक दिन यीशु ने अपने चेलों के साथ एक पहाड़ पर रुकने का निर्णय किया और बैठकर जितने लोग उनकी शिक्षा को सुनना चाहते थे, उन्हें सिखाया।

यीशु ने सबसे पहले 'धन्य' होने की बात कही। धन्य होने का मतलब है कि अपने जीवन में परमेश्वर के मार्ग पर चलने से हृदय में खुशी पाना। यीशु ने यह कहते हुए अपनी शिक्षा शुरू की 'धन्य हैं वे जो मन के दीन हैं, क्योंकि स्वर्ग का राज्य उन्हीं का है'। मन के दीन होने का मतलब है 'नम्र होना'। अगर हम नम्र होते हैं तो हम परमेश्वर की आवाज़ सुन सकते हैं और उनके सिखाए हुए रास्ते पर चलकर स्वर्ग जा सकते हैं।

यीशु ने कहा 'धन्य हैं वे जो शोक करते हैं, क्योंकि वह शांति पाएंगे'। शोक वो होता है जब हम बहुत उदास होते हैं। परमेश्वर चाहते हैं कि जो पाप हम करते हैं हमें उसके लिए शोक होना चाहिए, ताकि हम पश्चताप करके उनके मार्गों में चलें और धन्य हों।

यीशु ने कहा 'धन्य हैं वह जो नम्र हैं क्योंकि वह पृथ्वी के अधिकारी होंगे'। नम्र होने का मतलब है कि सही होते हुए, हम अपना बचाव नहीं करते, जबकि हम ऐसा कर सकते हैं। इस संसार में लोग एक दूसरे से लड़ते और चुराते हैं। पर हम धन्य होंगे, अगर हम परमेश्वर पर भरोसा रखें कि वह हमें बचाएंगे और हमारी देखभाल करेंगे।

यीशु ने कहा 'धन्य हैं वह जो धार्मिकता के भूखे और प्यासे हैं, क्योंकि वे तृप्त किए जाएंगे'। परमेश्वर धर्मी हैं, वह वही करते हैं जो सही है। वो चाहते हैं कि हम भी वही करें

जो सही है। अगर हम सच में भूखे हों तो खाना ढूंढ ही लेंगे। अगर हम सच में जो सही है, वही करना चाहते हैं, तो हम सही करने का रास्ता ढूंढ ही लेंगे।

'धन्य हैं वे जो दयावंत हैं, क्योंकि उन पर दया की जाएगी'। दयावंत होने का मतलब है कि जब हम उन लोगों के साथ भलाई करते हैं, जो उसके लायक नहीं हैं। यीशु चाहते हैं कि हम इस बात का ध्यान रखें कि हम भी दया के लायक नहीं थे।

'धन्य हैं वे, जिनके मन शुद्ध हैं, क्योंकि वह परमेश्वर को देखेंगे'। जब हम यीशु के लिए जीवन जीते हैं, तब हम अपने हृदय को पवित्र रखते हैं। ऐसा करने से हम स्वर्ग जाकर परमेश्वर को देख सकते हैं। लोग दूसरे को बाहर से देखते हैं पर परमेश्वर हमारे हृदय को देखते हैं। परमेश्वर स्वर्ग में केवल शुद्ध चीजों को आने देंगे।

'धन्य हैं वे, जो मेल करवाने वाले हैं, क्योंकि वे परमेश्वर के पुत्र कहलाएंगे'। परमेश्वर के साथ शांति होना अच्छी बात है, लेकिन जब हम दूसरों की मदद करते हैं कि वे परमेश्वर के साथ मेल कर लें और शांति में हों, तो यह और भी अच्छा है। यह दिखता है कि हम परमेश्वर की सन्तान हैं।

'धन्य हैं वे, जो धार्मिकता के कारण सताए जाते हैं, क्योंकि स्वर्ग का राज्य उन्हीं का है'। यीशु जानते थे कि अगर हम परमेश्वर के पीछे चलेंगे तो बहुत लोग हमसे घृणा करेंगे और हमारे साथ बुरा व्यवहार करेंगे। पर यह कोई समस्या नहीं है, क्योंकि हम तो एक नए और अद्‌भुत राज्य के हैं। हमारे राजा तो यीशु हैं।

यीशु के पीछे चलना हमेशा आसान नहीं है। पर याद रखो कि यीशु जीवित है, और हमारे साथ चलेंगे कि हमारी सहायता करें और हमें ताकत दें।

क्या तुम दूसरों को आशीषित करने के तरीके ढूंढ सकते हो?

10. कोढ़ से चंगाई

यह कहानी बाईबिल के नए नियम की पहली तीन किताबों में, यानी, 'मत्ती', 'मरकुस', और 'लूका' में पाई जाती है। इन किताबों का नाम उन तीन व्यक्तियों के नामों से है, जिन्होंने वो लिखा जो उन्होंने यीशु को करते हुए देखा और बोलते हुए सुना।

यह कहानी एक ऐसे आदमी की है जिसे कोढ़ हुआ था। कोढ़ चमड़ी की एक गंभीर बिमारी होती है और लोग इससे डरते थे। कोढ़ कीटाणुों से होता है, लेकिन यीशु के समय में लोग

सोचते थे कि ये लोगों को उनके पाप के कारण से होता है। इसलिए जब लोगों को कोढ़ होता, तो यह सोचा जाता था कि उस व्यक्ति ने पाप किया है।

जिन्हें कोढ़ होता है, उन्हें कोढ़ी कहते हैं। ऐसे लोगों को शहर से बाहर निकाल दिया जाता था। कोई उन्हें देखना और छूना नहीं चाहता था क्योंकि उन्हें यह डर था, कि उनको भी यह बिमारी ना लग जाए।

एक दिन यीशु लोगों को चंगा करते और शिक्षा देते जा रहे थे। तो उनके सामने एक कोढ़ी आकर अपने घुटनों पर गिर गया और उसने कहा, कि अगर वो चाहे तो उसे चंगा कर सकते हैं।

यीशु ने हाथ बढ़ा कर उसे छुआ। कोढ़ी को छूने के बारे में तो कोई सोच भी नहीं सकता था, फिर भी यीशु ने ऐसा किया। यीशु ने कहा कि वो चाहते हैं कि वह चंगा हो और उसी पल कोढ़ ने उसे छोड़ दिया, और वो चंगा हो गया।

तुम देख सकते हो कि यीशु इंसानों से बढ़कर हैं। यीशु ने कोढ़ी को उसकी बीमारी से चंगा किया, पर उसके साथ-साथ उस कोढ़ी को उसके पापों से भी शुद्ध किया। इस बीमारी का उनके ऊपर कोई असर नहीं हुआ। यीशु ने तब उस कोढ़ी से कहा कि वो इसके बारे में किसी को कुछ ना बताए और जाकर अपने आप को याजक को दिखाए। तब वो याजक बोलेगा कि वह कोढ़ से शुद्ध हो गया है और उसे परमेश्वर को भेंट चढ़ाने को कहेगा। तब याजक उसको वापस आकर शहर में फिर से रहने की, आज्ञा देगा।

वो आदमी बहुत खुश हुआ और उसने सब को बताया कि उसके साथ क्या हुआ था। इस कारण यीशु के लिए नगरों में घूमना इतना आसान नहीं था क्योंकि बड़ी भीड़ उन्हें घेर लेती

थी। यीशु अक्सर लोगों के बीच में से चुपके से निकल जाते और प्रार्थना करते, पर भीड़ उन्हें ढूंढ कर घेर ही लेती थी।

शायद तुम बीमार नहीं हो लेकिन हो सकता है, कि तुम्हारी आत्मा पाप से अशुद्ध हो। तुम यीशु से अपने पापों के लिए क्षमा मांग सकते हो, तुम्हारे पाप क्षमा हो जाएंगे और तुम भी शुद्ध और साफ हो जाओगे।

क्या तुमने कभी यीशु से चंगाई मांगी? वो तुम को भी छुएंगे, चंगा करेंगे और शुद्ध भी करेंगे।

11. यीशु ने लकवे के रोगी को चंगा किया

एक व्यक्ति जिसका पूरा शरीर लकवे से पीड़ित हो, वो अपने आप शरीर से कुछ भी काम नहीं कर सकता। उसे दूसरों की ज़रूरत होती है जो उसकी देखभाल करें।

एक दिन, यीशु कफरनहूम के एक घर में गए, और वहाँ बहुत से लोग इकट्ठा हुए। इतने सारे लोग आ गए थे कि अंदर कोई जगह ही नहीं बची। यहाँ तक कि घर के बाहर भी भीड़ थी। चार लोग, जिन्हें यह पता चला कि यीशु वहाँ आए हैं, उन्होंने निर्णय लिया कि वे उस लकवे के मारे व्यक्ति को एक खाट पर रखकर यीशु के पास उठा ले जायेंगे। वे चाहते थे कि उस व्यक्ति को चंगाई मिले। जब वे उस घर पर पहुंचे जहाँ यीशु थे, तो उन्हें लगा कि वे उस बड़ी भीड़ में से पार निकल कर यीशु तक नहीं पहुंच पाएंगे।

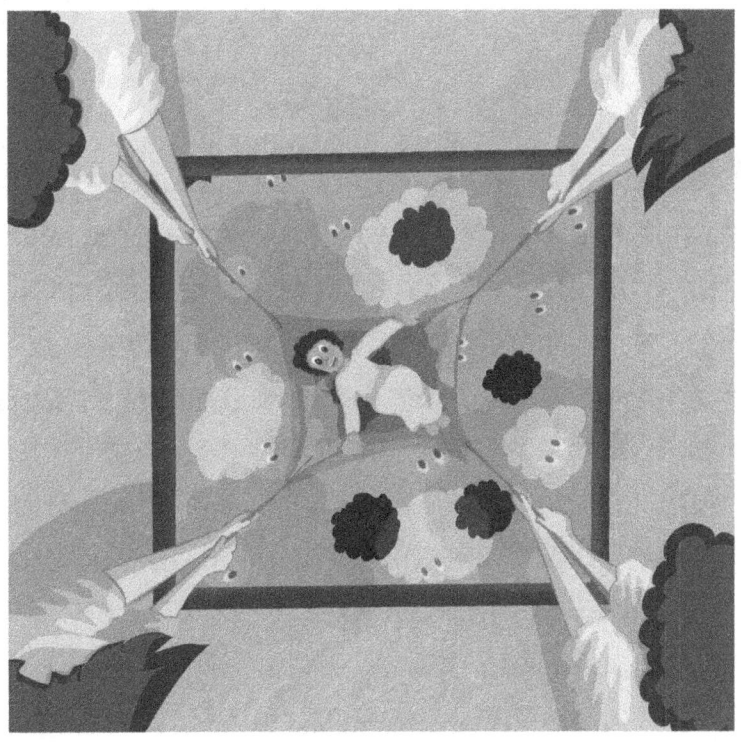

चारों उस लकवे से पीड़ित व्यक्ति को घर की छत पर ले गये, और छत को खोल कर, उस खट को लकवे के रोगी के साथ, नींचे जहाँ यीशु थे, उतार

दिया। यीशु ने उन का विश्वास देख कर, उस लकवे के मारे व्यक्ति से कहा, हे पुत्र, 'तेरे पाप क्षमा हुए।'

कुछ यहूदी धर्म गुरु जो वहाँ थे, उन्होंने यीशु कि बात को सुना और सोचने लगे कि, यीशु पापों को कैसे क्षमा कर सकते हैं ? उन्हें तो यह पता था कि केवल परमेश्वर पापों को क्षमा कर सकते हैं। यीशु ने अपनी आत्मा से उनके विचारों को जान लिया और उनसे पूछा कि वे ऐसी बातें क्यों सोच रहे हैं।

यीशु ने कहा, आसान क्या है? क्या लकवे के मारे से यह कहना कि 'तेरे पाप क्षमा हुए', या यह कहना कि 'उठ अपनी खाट उठा और चल फिर'? यीशु उन को यह समझाना चाहते थे कि वे यह जान लें कि यीशु को पृथ्वी पर पाप क्षमा करने का अधिकार मिला है। इसलिए यीशु ने उस लकवे के मारे से कहा, 'उठ और अपनी खाट उठा और अपने घर चला जा'। वह उठा और तुरंत खाट उठाकर सबके सामने से निकल कर चला गया, और सब देखते ही रह गये। लोग परमेश्वर की बढ़ाई कर के कहने लगे, हमने ऐसा कभी नहीं देखा।

यीशु ने अनगिनत लोगों को चंगा किया।

क्या तुम कुछ कारण सोच सकते हो, कि परमेश्वर ने यीशु को इस संसार में क्यों भेजा?

12. प्रभु की प्रार्थना

एक दिन चेलों ने यीशु से कहा कि वो उनको प्रार्थना करना सिखाएं। सबसे पहले यीशु ने उनको सिखाया कि, हमको अपनी प्रार्थना साधारण रखनी चाहिए। परमेश्वर हमारी प्रार्थनाओं को सुनते हैं, चाहे लंबी हो या छोटी। यहाँ तक कि अगर हमारे पास सही शब्द भी ना हो, फिर भी परमेश्वर जानते हैं कि हम क्या कहने की कोशिश कर रहे हैं।

यीशु ने कहा कि जब हम प्रार्थना करते हैं, तो हमें, 'दिखावा' नहीं करना चाहिए कि हम कितने घर्मी हैं। उन्होंने कहा कि हम को अपने कमरे में जाकर, दरवाजा बंद करके, अपने स्वर्गीय पिता से, अकेले में प्रार्थना करना चाहिए।

यीशु ने इस तरह से प्रार्थना करना सिखायाः

'हे हमारे पिता, तू जो स्वर्ग में है, तेरा नाम पवित्र माना जाए।

तेरा राज्य आए।

तेरी इच्छा जैसे स्वर्ग में पूरी होती है, वैसे पृथ्वी पर भी हो'।

हमारी दिन भर की रोटी आज हमें दें।

और जिस प्रकार हमने अपने अपराधियों को क्षमा किया है, वैसे ही तू भी हमारे अपराधों को क्षमा कर।

और हमें परीक्षा में न ला, परंतु बुराई से बचा; क्योंकि राज्य और पराक्रम और महिमा सदा तेरे ही हैं। आमीन।

प्रार्थना और उस का मतलब:

'हे हमारे पिता, तू जो स्वर्ग में है, तेरा नाम पवित्र माना जाए'। (परमेश्वर को अपना पिता कहकर बुलायें और उनके पवित्र नाम की प्रशंसा करें।)

'तेरा राज्य आए। तेरी इच्छा जैसे स्वर्ग में पूरी होती है, वैसे पृथ्वी पर भी हो'। (हम यह आशा रखते हैं कि परमेश्वर का राज्य इस पृथ्वी पर बढ़े, तो पृथ्वी भी स्वर्ग के समान हो जाएगी।)

'हमारी दिन भर की रोटी आज हमें दें।' (हमारी जो रोज़ की ज़रूरतें हैं, वह हमें दें।)

'और जिस प्रकार हमने अपने अपराधियों को क्षमा किया है, वैसे ही तू भी हमारे अपराधों को क्षमा कर।' (जो लोग हमारे साथ गलत करते हैं, और जैसे हम उन्हें क्षमा करते हैं, उसी तरह आप भी हमारे पापों को क्षमा करें।)

'और हमें परीक्षा में न ला, परंतु बुराई से बचा; क्योंकि राज्य और पराक्रम और महिमा सदा तेरे ही हैं।' आमीन। (हमें शैतान की परीक्षाओं से बचा कर रखें, क्योंकि परमेश्वर आपका राज्य और पराक्रम उससे बहुत बड़े हैं। 'आमीन', ऐसा ही हो।)

प्रार्थना तो, सिर्फ अपने स्वर्गीय पिता से बात करना होता है।

क्या परमेश्वर तुम्हारे स्वर्गीय पिता हैं ?

अगर तुम यीशु में विश्वास करो, तो तुम्हारा भी परमेश्वर के साथ एक पिता का संबंध हो जाएगा और फिर तुम भी उनसे प्रार्थना कर सकते हो।

13. बुद्धिमान और मूर्ख मनुष्य

एक दिन, यीशु ने एक कहानी सुनाई, यह समझाने के लिए कि हमको उनकी आज्ञा का पालन क्यों करना चाहिए? यह कहानी एक बुद्धिमान और एक मूर्ख व्यक्ति की है।

क्या तुमने कभी रेत से घर बनाया है? देखने में तो शायद बहुत अच्छा लगता है, पर जल्द ही हवा या पानी उसे गिरा देते हैं। जब लोग अपना घर बनाते हैं, तो वो नीचे पहले ईंट और सीमेंट की नींव डालते हैं तब उस पर घर बनाते हैं।

यीशु ने बताया कि एक बुद्धिमान व्यक्ति ने अपना घर चट्टान पर बनाया। कुछ समय बाद ज़ोर की बारिश और बाढ़ें आईं और आंधियाँ चलीं और उस घर पर टक्करें लगीं, परन्तु वह नहीं गिरा, क्योंकि उसकी नींव चट्टान पर डाली गई थी।

फिर उन्होंने कहा, एक दूसरा व्यक्ति, जो मूर्ख था, उसने भी अपना घर बनाया, पर इस व्यक्ति ने अपना घर रेत पर बनाया था। कुछ समय के लिए तो घर ठीक दिखा लेकिन जब बारिश और बाढ़ें आईं और आंधियाँ चलीं और उस पर टक्करें लगीं तो वह गिरकर नाश हो गया।

कुछ लोग यीशु की शिक्षा सुनकर, उन्हें मानते हैं। यह उस बुद्धिमान व्यक्ति के समान है, जिसने अपना घर चट्टान पर बनाया। और ऐसा करने से वो लोग अपना भविष्य भी स्वर्ग में सुरक्षित करते हैं।

लेकिन कुछ लोग, उस मूर्ख व्यक्ति के समान होते हैं, जिन्होंने अपना घर रेत पर बनाया। यह लोग यीशु की शिक्षा सुनते तो हैं, लेकिन उन पर नहीं चलते। ऐसों का भविष्य बहुत खतरनाक है।

अगर कोई तुम्हारे साथ बुरा करता है, तो क्या तुम उससे बदला लेते हो? अगर हाँ, तो

यह उसके समान होगा कि तुमने अपना मकान रेत पर बनाया है। या फिर कोई तुम्हारे बारे में झूठ बोले, तो क्या तुम उसको क्षमा कर दोगे और उनसे भलाई करोगे? अगर तुम ऐसा करोगे तो, तुम उस व्यक्ति के समान हो जिसने अपना घर चट्टान पर बनाया है।

तुम क्या बनना चाहते हो, बुद्धिमान या मूर्ख ? परमेश्वर हमारे साथ कभी ज़बरदस्ती नहीं करते। वो हमसे प्रेम करते हैं और हमारे लिए उत्तम ही चाहते हैं। क्योंकि उन्होंने हमें बनाया है, वह जानते हैं कि हमें क्या बात खुशी देती है और वह हमें इस योग्य बनाते हैं, कि हम दूसरों को खुशी दें ।

तुम अपना घर, किस पर बना रहे हो, चट्टान पर या रेत पर ?

14. बीज बोने वाले का दृष्टांत

दृष्टांतः एक ऐसी कहानी होती है, जिससे हमें सीख मिलती है। यीशु ने दृष्टांतों से लोगों को सिखाया, जबकि सब लोग उसका मतलब नहीं समझ पाते थे। बाद में, वो उन लोगों को जो उनके बहुत पास होते थे, उसका मतलब समझाते थे।

एक दिन उन्होंने अपने चेलों को यह दृष्टांत सुनायाः

एक बीज बोने वाला, बीज बोने के लिए निकला। बोते हुए कुछ मार्ग के किनारे गिरे और रौंदे गए और कुछ चिड़ियों ने चुग लिये।

कुछ बीज चट्टान पर गिरे, जहाँ उन्हें बहुत मिट्टी और नमी न मिलने के कारण वह जल्द उग आये। पर उनकी जड़ें नींचे तक नहीं पहुँच सकीं और सूरज निकलने पर वे सूखकर जल गये।

कुछ बीज झाड़ियों में गिरे और उन झाड़ियों ने बढ़ कर उन्हें दबा डाला। इन झाड़ियों के कारण उन बीजों को जितनी धूप मिलनी चाहिए थी, उतनी नहीं मिली और वो मर गये।

पर कुछ बीज अच्छी भूमि पर गिरे, और उग कर कोई सौ गुना, कोई साठ गुना, और कोई तीस गुना फल लाये।

यीशु के इस दृष्टांत को बताने के बाद, उनके चेलों ने, इस कहानी का मतलब पूछा। तो यीशु ने उनको मतलब बतायाः

वो बीज जो मार्ग के किनारे पर गिरे और जिन्हें चिड़ियों ने चुग लिया, वो उन लोगों के

समान हैं, जो परमेश्वर के वचन को सुनते हैं पर नहीं समझते। तब शैतान आकर उनके मन से वचन छीन ले जाता है।

वो बीज जो चट्टान पर गिरा था और थोड़े समय ही रहा, वो उन लोगों के समान है जो परमेश्वर का वचन सुनते हैं और आनंद से वचन को ग्रहण तो करते हैं पर उनका विश्वास गहरी जड़ नहीं पकड़ता। जब परीक्षा, समस्या और सताव आते हैं, वह दृढ़ता से खड़े नहीं रह पाते और हार कर वापस सांसारिक जीवन में लौट जाते हैं।

वो बीज जो झाड़ियों में दब कर मर गया, यह उन लोगों के समान है जो परमेश्वर का वचन सुनते हैं पर आगे चलकर चिंता और धन और जीवन के सुख विलास में फस जाते हैं। यह बातें लोगों को परमेश्वर के मार्ग में बढ़ने से रोक देती हैं। कुछ बच्चे अपने माता–पिता, दोस्त और यह कि उन्हें नई से नई चीजें मिले, इन्हीं चिन्ताओं में उलझे रहते हैं और वे परमेश्वर को भूल जाते हैं।

जो बीज अच्छी भूमि पर गिरे थे इसका मतलब यह वह लोग हैं, जो वचन सुन कर उसे भले और उत्तम मन से सम्भाले रहते हैं और धीरज से फल लाते हैं। परमेश्वर का वचन सुनकर समझते हैं, उसी के अनुसार करते हैं और फलवंत होते हैं, कोई सौ गुना, कोई साठ गुना, और कोइ तीस गुना। इस कारण परमेश्वर उनके लिए बहुत से काम कर सके।

तुम्हारा ह्रदय कैसा है, कोमल या कठोर, उपजाऊ या बंजर ?

15. क्षमा न करने वाला दास

एक बार पतरस ने यीशु से पूछा, कि अगर कोई उसके साथ बुरा करता ही जाए तो, उसे कितनी बार क्षमा करना है? वो सोच रहा था, कि क्या उसको किसी को सात बार क्षमा कर देना चाहिए। यीशु के जवाब से पतरस हैरान हो गया। क्योंकि यीशु ने कहा कि सात बार क्षमा करना काफी नहीं है, पतरस को सात बार के सत्तर गुने तक क्षमा करना चाहिए।

तब यीशु ने इस बात को समझाने के लिए एक दृष्टांत बतायाः

स्वर्ग का राज्य उस राजा के समान है, जिसने निर्णय किया कि, उसके दासों ने उससे जितने भी पैसे उधार लिए थे, वो लौटायें।

एक दास के पास उसके लाखों रुपए थे, पर लौटाने के लिए उसके पास कुछ नहीं था। तो राजा ने निर्णय लिया कि वो दास, उसकि पत्नी और उनके बच्चे, गुलामों की तरह बेचे जायें, ताकि जो पैसा उन्होंने लिया था उसे चुका सकें। यह दास अपने घुटनों पर गिरकर राजा से विनती करता है कि वह धीरज रखें, कि वह सारा पैसा लौटा देगा। राजा ने उस पर दया करने की सोची और उससे कहा कि उसे पैसे लौटाने की ज़रूरत नहीं है। राजा ने उसे ऐसे ही जाने दिया।

लेकिन इस दास को याद आया कि राजा के एक और सेवक ने उससे कुछ पैसा उधार लिया हुआ है। यह दूसरे सेवक को तो, पहले दास को कुछ सौ रुपये ही लौटाने थे। यह पहला दास जिसका उधार माफ हुआ था, इसने दूसरे सेवक को पकड़ा और उसका गला

घोटने लगा और जो कुछ उसे लौटाना था उससे तुरंत वापस मांगा। यह दूसरा सेवक भी अपने घुटनों पर आ गिरा और कहा कि वो धीरज रखे, और उसे थोड़ा समय दे। पर उस पहले दास ने मना कर दिया और उस व्यक्ति को जेल में डालवा दिया, कि जब तक कर्ज़ को भर ना दे, वहीं रहे।

तब लोगों ने राजा को बताया कि उस पहले दास ने क्या किया। राजा को गुस्सा आया और उसने उस दास को फिर बुलवाया। राजा ने उसे, 'दुष्ट दास' कहा और याद दिलाया कि उसने उस पर कैसी दया की थी। तब राजा ने उससे दबाव डालकर पूछा कि उसने क्यों इस दूसरे सेवक पर दया नहीं की।

राजा ने तुरंत उस पहले दास को जेल में डाल दिया कि सज़ा मिले, जब तक कि वह सारा उधार लिया पैसा वापस ना लौटा दे।

यीशु हमें याद दिलाते हैं कि हमारे स्वर्गीय पिता भी हमारे साथ ऐसा ही करेंगे, अगर हम दूसरे लोगों को अपने पूरे हृदय से क्षमा न करें। क्योंकि हम जानते हैं कि परमेश्वर हमसे प्रेम करते हैं और इसलिए उन्होंने पहले हमें, हमारे पापों के लिए क्षमा किया है। एक मसीही अपने क्षमा करने वाले हृदय के लिए जाना जाता है।

क्या तुमने दूसरों को क्षमा करना सीखा है ?

16. दो बेटों की कहानी

यीशु ने अपने चेलों को एक और दृष्टांत सुनाया, यह समझाने के लिए कि परमेश्वर की आज्ञा मानने का क्या मतलब है: हम वो करें जो उन्होंने हमें करने के लिए बुलाया है। इस दृष्टांत में पिता ने अपने बड़े बेटे से कहा कि वो जाकर दाख की बारी में काम करे। पहले तो, उसने जाने के लिए मना किया, पर फिर अपना मन बदला और अपने पिता के दाख की बारी में काम करने चला गया।

तब पिता ने अपने दूसरे बेटे से भी कहा, कि वह भी जाकर उसकी दाख की बारी में काम करे। इस दूसरे बेटे ने कहा, 'जी हाँ जाता हूँ,' परंतु नहीं गया।

यह दृष्टांत हमें यह याद दिलाता है कि परमेश्वर हमेशा अपने बच्चों को उनकी आज्ञा मानने के लिए बुलाते हैं।

'पहले बेटे' का मतलब है: कि कुछ लोग परमेश्वर की आज्ञा को मानने के लिए मना करते हैं पर फिर अपना मन बदलते हैं, और परमेश्वर की इच्छा पूरी करते हैं।

'दूसरे बेटे' का मतलब है: कि कुछ लोग जल्दी से कहते हैं कि वह परमेश्वर के पीछे चलेंगे, पर असल में वह ऐसा नहीं करते।

जो कुछ हम बोलते और करते हैं, परमेश्वर सब जानते हैं। हम उनसे छिप नहीं सकते।

तुम किसके समान हो, पहले बेटे या दूसरे बेटे के ?

17. यीशु ने पाँच हज़ार को भोजन खिलाया

यीशु ने अपने बारह चेलों को, छोटे शहरों में भेजा कि वे परमेश्वर के प्रेम के बारे में लोगों को बताएं। उन्होंने चेलों को सामर्थ दी कि वे बिमारों को चंगा करें और दुष्ट आत्माओं को निकालें। जब चेले लौटे तो वे बहुत खुश थे और उन्होंने यीशु को अपनी रोमांचक बातों को बहुत उत्साह के साथ बताया।

फिर यीशु और उनके चेले, नाव में बैठकर एक शांत जगह में चले गए। बहुत से लोगों ने उन्हें जाते देखकर पहचान लिया और वे सब नगरों से इकट्ठे होकर वहाँ पैदल दौड़े और उनसे पहले जा पहुंचे।

यीशु ने उतरकर बड़ी भीड़ देखी और उन पर तरस खाया क्योंकि वह उन भेड़ों के समान थे, जिनका कोई रखवाला ना हो, और वह उन्हें बहुत सी बातें सिखाने लगे।

दिन बहुत ढल गया और किसी ने कुछ नहीं खाया था। तब चेलों ने यीशु से कहा कि वो लोगों को, पास के गांव और बस्तियों में जा कर, अपने लिए कुछ भोजन मोल लेने के लिए भेजें।

लेकिन यीशु ने अपने चेलो से कहा, उनको उस भीड़ के लिए खाने का उपाय करना चाहिए। उनके चेलों ने उत्तर दिया कि उन सब लोगों के लिए खाने का उपाय करना तो बहुत महंगा पड़ेगा। यीशु ने उनसे कहा कि, 'वे जाकर देखें कि उनके पास कितनी रोटियां हैं'?

उस भीड़ में एक छोटा लड़का था जिसके पास पांच रोटी और दो मछलियां थी। पर यह तो एक या दो जनों के लिए ही काफी होती। फिर भी यीशु ने सब को घास पर बैठ जाने को कहा।

यीशु ने पांच रोटी और दो मछलियों को लिया, स्वर्ग की ओर देखकर धन्यवाद किया और रोटियाँ तोड़कर चेलों को दी। चेलों ने रोटी और मछली सब को बाँटी। सब को जितना चाहिए था उतना मिला।

जब सबके पेट भर गए तो यीशु ने चेलों से कहा कि जितना खाना बचा है उसे इकट्ठा कर लें, ताकि कुछ भी बर्बाद न हो। चेलों ने बारह टोकरियाँ भरकर उठाई, जो बची थीं।

इस चमत्कार से यीशु यह दिखा रहे थे कि वो ही स्वर्ग से आई रोटी हैं। मूसा के समय में परमेश्वर ने अपने लोगों को स्वर्ग से मन्ना गिराकर खिलाया था। यह मन्ना यीशु ही को दर्शाता था। इसलिए यीशु ने कहा कि वे स्वर्ग की रोटी हैं।

क्या तुम भी इस स्वर्ग की रोटी को चखना चाहोगे ?

18. यीशु पानी पर चले

पूरे दिन की शिक्षा लेने के बाद, जब लोगों की भीड़ जाने लगी, तो यीशु ने चेलों से कहा कि वो जाकर अपनी नाँव पर चढ़कर झील की दूसरी ओर जाएं। यह कहकर यीशु पहाड़ी पर अकेले प्रार्थना करने चले गये। यीशु को भी प्रार्थना करने की ज़रूरत होती थी, जैसे हमको होती है। वो जानते थे कि उनको अपने स्वर्गीय पिता के साथ बने रहना है ताकि वो आगे बढ़ते रहने के लिए उनसे सामर्थ पाएं।

प्रार्थना के बाद, यीशु झील की दूसरी ओर अपने चेलों के पास पहुंचना चाहते थे। वो पानी के ऊपर चेलों कि नाँव की दिशा में चलने लगे। पानी पर चलते-चलते वे उनके पास आए और उनसे आगे निकल जाना चाहते थे। चेलों ने यीशु को झील पर चलते देखकर समझा, कि वो भूत है, और वो चिल्ला उठे, क्योंकि डर गए थे।

जब यीशु ने देखा कि वे डर गए हैं, तो उन्होंने चेलों से बात की और कहा, 'मैं हूँ; डरो मत'। यह सुनकर पतरस बोला, 'हे प्रभु, यदि तू ही है तो मुझे अपने पास पानी पर चलकर आने की आज्ञा दे'। यीशु ने उससे कहा, 'आ'। तब पतरस नाँव पर से उतरकर यीशु के पास जाने को पानी पर चलने लगा। पर तेज़ हवा और पानी कि लहरों को देखकर डर गया और जब डूबने लगा तो चिल्ला कर कहा, 'हे प्रभु, मुझे बचा'।

यीशु ने तुरंत हाथ बढ़ा कर उसे थाम लिया और ऊपर खींच कर पूछा, कि उसने शक क्यों किया? फिर दोनों एक साथ चल कर नाँव पर पहुंचे।

जैसे ही यीशु नाँव पर पहुंचे, हवा रुक गई और पानी शांत हो गया। यह देखकर नाँव में सब यीशु की आराधना करने लगे, यह कहते हुए कि, 'वो परमेश्वर के पुत्र हैं'।

जब वो झील पार करके दूसरी तरफ पहुंचे, लोगों ने यीशु को पहचान लिया। वहाँ बहुत से लोगों की चंगाईयाँ हुई। लोगों ने यह विनती की, कि यीशु के वस्त्र के कोने ही को चंगाई के लिए छूने दें, और जितनों ने उसे छुआ वे चंगे हो गए।

क्या तुम अपनी आँखें यीशु पर रखते हो? या तुम्हारा ध्यान उन चीज़ों पर है जिनसे तुम डरते हो?

19. तोड़ों का दृष्टांत

यीशु ने एक अमीर व्यक्ति के बारे में बताया, जिसने परदेश जाते समय अपने विश्वासयोग्य दासों को बुलाया और उनको अपनी संपत्ति सौंप दी, कि उसके पैसों की देखभाल करें।

इस अमीर व्यक्ति ने अपने दासों में से एक को चांदी के सिक्कों से भरे पाँच थैले दिए। दूसरे को उसने चांदी के सिक्कों से भरे दो थैले, और तीसरे दास को उसने चांदी के सिक्कों से भरा केवल एक थैला ही दिया। सभी दासों को उसने उनकी योग्यता के अनुसार थैले दिए, और फिर वह व्यक्ति परदेश चला गया।

वो दास जिसको पहले पाँच थैले दिए गए थे, उसने मेहनत करके उन पैसों से और भी कमाने की कोशिश की। उसने पाँच और चांदी से भरे थैले कमाए! वो जिसके पास दो थैले थे, उसने भी मेहनत करके बुद्धिमानी से दो और थैले कमाए। पर वो दास जिसके पास चांदी के सिक्कों का एक थैला था, उसने उसे ज़मीन में दबा कर छिपा दिया कि वह पैसा सुरक्षित रहे। उसने कुछ करके उस पैसे को बढ़ाने की कोशिश भी नहीं की।

लम्बे समय के बाद वो अमीर व्यक्ति लौटा और इन तीनों दासों को बुलाया और उनसे पूछा कि उन्होंने उस पैसे का क्या किया। पाँच थैलों वाले दास ने कहा, कि उसे पाँच थैले सौंपे गये थे, उसने पाँच और कमाए हैं। उसके स्वामी ने उससे कहा कि तू एक अच्छा और विश्वासयोग्य दास है, तू थोड़े में विश्वासयोग्य रहा, इसलिए मैं तुझे बहुत वस्तुओं का अधिकारी बनाऊँगा। उसने उसे अपने आनंद में सहभागी बनाया।

फिर दो थैले वाला दास आया और उसने कहा कि तूने मुझे दो थैले सौंपे थे, देख मैंने दो तोड़े और कमाए। उसके स्वामी ने उससे कहा, कि तू एक अच्छा विश्वासयोग्य दास है, तू थोड़े में विश्वासयोग्य रहा, मैं तुझे बहुत वस्तुओं का अधिकारी बनाऊँगा। और उसने उसे भी अपने आनंद में सहभागी बनाया।

फिर वह दास आया जिसको एक थैला ही दिया गया था। उसने आकर कहा, मैं तुझे

जानता था, कि तू कठोर मनुष्य है, तू जहाँ कहीं नहीं बोता वहाँ काटता है, और जहाँ नहीं छींटता वहाँ से बटोरता है। इसलिए मैं डर गया और इसे मिट्टी में छिपा दिया, देख जो तेरा है, वह यह है। स्वामी यह सुनकर बिल्कुल खुश नहीं हुआ और इस तीसरे दास को एक आलसी और दुष्ट दास कहा। गुस्से से भरे हुए स्वामी ने उससे कहा, कि वो कम से कम उन पैसों को सर्राफों को दे देता, ताकी जब वह लौटता तो अपना धन ब्याज समेत ले लेता।

तो स्वामी ने उससे वो थैला लेकर, पहले दास को दे दिया, जिसने पाँच और थैले कमाए थे। यहाँ पर यीशु यह बताना चाह रहे थे कि परमेश्वर ने हम सब को कुछ खास वरदान और क्षमताएं दी हैं। हमें परमेश्वर की योजना के लिए उन्हें इस्तेमाल करना है, और फिर परमेश्वर हमें और भी देंगे। हम परमेश्वर का भरोसा, उनके प्रति विश्वासयोग्य होकर ही जीत सकते हैं।

परमेश्वर ने तुमको खास क्षमताएं दी हैं। क्या तुम अपनी क्षमताओं को परमेश्वर की महिमा के लिए उपयोग करोगे?

20. अच्छा सामरी

एक और दृष्टांत शुरू हुआ, जब एक आदमी ने यीशु से सवाल पूछा। सवाल यह था, कि स्वर्ग में जाने के लिए उसे क्या करना होगा?

यीशु ने यह पूछते हुए जवाब दिया कि बाईबिल इसके बारे में क्या कहती है? उस व्यक्ति ने उत्तर दिया कि बाईबिल कहती है कि, 'तू प्रभु अपने परमेश्वर से अपने सारे हृदय और अपने सारे मन और अपनी सारी शक्ति और अपनी सारी बुद्धि के साथ प्रेम रख; और अपने पड़ोसी से अपने जैसा प्रेम रख।'

यीशु सहमत थे, कि यह सही है। फिर इस व्यक्ति ने यीशु से पूछा, उसका पड़ोसी कौन है। इस प्रश्न का उत्तर यीशु ने दृष्टांत से दिया।

यीशु ने कहा कि एक मनुष्य यरुशलेम से यरीहो को जा रहा था, रास्ते में डाकुओं ने घेरकर उसके कपड़े उतार लिए, और मारपीट कर उसे अधमरा छोड़ कर चले गए।

एक याजक उसी मार्ग से जा रहा था, परंतु उसे देखकर कतराया, और दूर ही से चला गया। बाद में एक लेवी (धर्मी जन) आया, वह भी उसी मार्ग से निकल रहा था। वो भी उसे देखकर, कतराकर दूर से चला गया और उस घायल व्यक्ति की मदद नहीं की।

फिर एक सामरी यात्री वहाँ से निकल रहा था। उसने उसे देखकर तरस खाया और उसके

पास आकर, उसके घावों पर तेल और दाखरस डालकर पट्टियाँ बाँधी और अपनी सवारी पर चढ़ाकर सराय में ले गया और उसकी सेवा टहल की।

यहूदी लोग सामरियों को पसंद नहीं करते थे। वे सोचते थे कि सामरी लोग अपवित्र, और अशुद्ध लोग हैं, पर इस सामरी को इस व्यक्ति पर दया आई।

अगले दिन उस सामरी ने उस सराय के मालिक को कुछ पैसे दिये और कहा कि इसकी सेवा टहल करना, और अगर कुछ और खर्चा होगा, तो वह उसे लौटते समय चुका देगा।

तब यीशु ने उससे पूछा, 'अब तेरी समझ में सड़क पर पड़े घायल व्यक्ति का 'पड़ोसी' कौन था'? उसने कहा, वही जिसने उस पर तरस खाया, वो सामरी।

यीशु ने उससे कहा, कि वह भी जाकर वैसा ही करे।

तुम यीशु की आज्ञा कैसे पूरी कर सकते हो?

21. खोई हुई भेड़

जब यीशु परमेश्वर के वचन की बातें सिखाते थे, तो बहुत से पापी लोग और चुंगी लेने वाले उनको सुनने के लिए आते थे। एक दिन, यहूदी धर्म गुरुओं को शिकायत हुई कि यीशु तो पापियों से मिलतें है और उनका स्वागत भी करते हैं। उन्हें यह समझ ही नहीं आया कि

पापियों को यीशु की आवश्यकता है। वो अपने आप को पापी समझते ही नहीं थे। तो यीशु ने उनको यह कहानी सुनाई।

'अगर एक व्यक्ति के पास सौ भेड़ें हैं और उनमें से एक खो जाती है, तो वह उन निन्यानवे भेड़ों को छोड़कर, उस खोई हुई एक भेड़ को ढूँढेगा। और जब वो उसको मिल जाएगी, तो वह घर तक उसे उठाकर लाएगा। तब वो अपने दोस्तों और पड़ोसियों को आनंद मनाने के लिए बुलाएगा, कि उसकी खोई भेड़ मिल गई है'।

यहाँ यीशु हमारे बारे में बोल रहे थे। वो हमारी तुलना भेड़ से कर रहे थे, क्योंकि भेड़ें बहुत तेज़ नहीं होती हैं। भेड़ों को कोई देखने वाला चाहिए। वो आसानी से भटक जाती हैं और अपने आप वापस घर नहीं लौट पातीं। यीशु यह कह रहे हैं, कि जब लोग परमेश्वर से पाप के कारण दूर हो गये हैं तो वो खुद जाकर उनको वापस लाएंगे और तब स्वर्ग में स्वर्गदूत आनंद मनाएंगे।

फिर यीशु ने इसी के साथ एक और दृष्टांत सुनायाः

'एक स्त्री के पास दस चांदी के सिक्के हों और उनमें से एक खो जाए तो वह अपने घर में दीया जलाएगी और झाड़ू लगाकर ध्यान से ढूंढेगी, जब तक उसे वह मिल ना जाए। और जब वह सिक्का मिल जाएगा, तो वह अपने सारे दोस्तों और पड़ोसियों को बुलाएगी, और उनको बताएगी कि वह कितनी खुश है।'

जो पापों में खोए हुए हैं, उस खोए हुए सिक्के के समान, परमेश्वर उनको ढूंढ रहे हैं, कि उन्हें आपनी आज्ञा पालन में लायें। जब एक पापी अपने पापों को छोड़कर, मन फिराकर परमेश्वर के पास लौटता है तो स्वर्ग में, परमेश्वर के स्वर्गदूतों में बहुत आनंद होता है।

तुम परमेश्वर से कहीं भी और कभी भी बात कर सकते हो। तुम उन से यह कह सकते हो कि तुमने जो गलत काम और पाप किए हैं, उसके लिए शर्मिंदा हो और उनसे क्षमा मांग रहे हो।

जब तुम परमेश्वर से क्षमा मांगोगे, वो तुम्हें तुरंत क्षमा करेंगे, क्योंकि वह तुम से बहुत प्रम करते हैं। फिर वो उन पापों को तुम्हारे विरोध में नहीं रखगें।

क्या तुम परमेश्वर से कभी अपने पापों की क्षमा मांगते हो?

22. उड़ाऊ पुत्र

यीशु ने खोई हुई भेड़ और खोए हुए सिक्के के दृष्टांत सुनाए। और फिर उन्होंने उड़ाऊ पुत्र का दृष्टांत बताया। एक पिता था, जिस के दो बेटे थे, वो बहुत अमीर था और उस के कई दास थे। उन दिनों में जब पिता की मृत्यु हो जाती थी, तो उसके बड़े बेटे को उसकी संपत्ति का ज्यादा भाग मिलता था और छोटे बेटे को कम भाग।

एक दिन, छोटे बेटे ने अपने पिता से अपना हिस्सा मांगा, जो उसको उसके पिता के मरने के बाद मिलता। पिता ने उसको उसका भाग दे दिया। जैसे ही उस बेटे को उसका हिस्सा मिला, उसने सोचा कि वो दूर देश चला जाएगा और उस घन से मौज करेगा। जो कुछ उसके पास था, वो सब कुछ लेकर चला गया और वापस लौटने की उसकी कोई योजना नहीं थी। वो यह नहीं चाहता था कि कोइ उसे बताये उसे क्या करना है। वहाँ कुकर्म, व्यभीचार और बुरे–बुरे कामों में उसने अपनी सारी संपत्ति उड़ा दी, और कुछ बचाने कि नहीं सोची और वो कंगाल हो गया।

क्योंकि उस देश में बड़ा अकाल पड़ा और वह भूखा रहने लगा, उसे अब नौकरी की ज़रूरत थी। तो वो उस देश के निवासियों में से एक के यहाँ काम मांगनें गया, उसे खेतों में सूअर चराने का काम मिला। वह चाहता था, कि उन फलियों से जिन्हें सूअर खाते थे, अपना पेट भरे, क्योंकि उसे कोई कुछ खाने को नहीं देता था। उसके दोस्त भी अब उसके साथ नहीं थे, वह अकेला हो गया था।

जब उसके होश ठिकाने आये तो सोचने लगा कि वह तो भूख से मर रहा है, और उसके पिता के नौकरों को तो उनके भोजन से भी अधिक रोटी मिलती है। उसने अपने पिता के पास लौटने की सोची। और कि वो उससे कहेगा कि उसने, परमेश्वर के विरोध में और उसकी

दृष्टि में पाप किया है। अब वह इस लायक नहीं रहा कि उसका बेटा कहलाए, इसलिए उसे अपने यहाँ एक दास के समान रख ले।

तब वो उठकर अपने पिता के पास लौट आने को चला। जब कि वह दूर ही था, उसके पिता को उसे देखकर तरस आया और दौड़ कर उसने उसे अपने गले लगा लिया और बहुत चुम्मा। बेटे को तो विश्वास ही नहीं हुआ। लेकिन उसके पिता ने अपने दोनों हाथों को फैलाकर उसे गले लगाया और बिना उससे कुछ पूछे या डांटे, उसे खुले मन से अपनाया।

छोटा बेटा जैसा सोच कर आया था, उसने वह सब अपने पिता से कहा। परंतु उसके पिता ने अपने दासों से कहा, कि वह अच्छे कपड़े निकाल कर उसे पहनाएं, और उसके हाथ में अंगूठी और पांव में जूतियाँ पहनाएं। एक बड़ा भोज भी तैयार करें ताकि सब खाएं और आनंद मनाएँ। क्योंकि उसका पुत्र जो मर गया था, फिर जी गया है; खो गया था, अब मिल गया है। और वे आनंद करने लगे।

कुछ देर के बाद, बड़ा बेटा काम से घर लौटा तो उसने जश्न की आवाज़ सुनी। जब उसको पता चला कि उसका छोटा भाई लौट आया है तो उसको बहुत गुस्सा आया और जलन हुई, क्योंकि वह तो घर पर रहता था और हर समय अपने पिता के लिए बहुत मेहनत करता था। तो फिर क्यों पिता इस मूर्ख बेटे के लौटने पर जश्न कर रहा है, जिसने पिता की संपत्ति वेश्याओं में उड़ा दी है?

पिता को जब बड़े बेटे के बारे में यह सब पता चला, तो उससे बात करने को गया। पर बड़ा बेटा बहस करने लगा, कि वह तो उसके लिए सालों से काम कर रहा है। उसने कभी भी पिता की आज्ञा नहीं टाली, फिर भी पिता ने उसके लिए, उसके दोस्तों के लिए कभी जश्न नहीं किया।

पिता ने बड़े बेटे से विनती की और कहा, 'पुत्र, तू सदा मेरे साथ है और जो कुछ मेरा

है, वह सब तेरा ही है। परंतु अब आनंद करना और मग्न होना चाहिए, क्योंकि यह तेरा भाई मर गया था, फिर जी गया है, खो गया था, अब मिल गया है'।

यहाँ पर यीशु यह बता रहे हैं कि, जब लोग अपनी मर्ज़ी से पाप में जीवन जीकर अपना सब कुछ गंवा देते हैं, तब भी परमेश्वर उनका इंतजार करते हैं, कि वे होश में आएं और अपने पापों से पश्चाताप करके अपने स्वर्गीय पिता के पास लौटें, क्योंकि वो उनसे प्रेम करते हैं।

क्या तुम अपने पापों की क्षमा मांग कर, परमेश्वर पिता की संतान बनना चाहोगे? वह तुमसे प्रेम करते हैं और तुम्हारा इंतजार कर रहे हैं।

23. फरीसी और चुंगी लेने वाला

क्या तुम कभी ऐसे व्यक्ति से मिले हो, जो अपने आप को दूसरों से अच्छा मानता है? कुछ लोग सोचते हैं कि वे दूसरे लोगों से देखने में बहुत सुंदर हैं या औरों से तेज़ हैं। कुछ ऐसे भी होते हैं, जो अपने ऊपर भरोसा रखते हैं, कि वे ही सबसे धर्मी हैं। नम्र लोग अपने बारे में घमंड नहीं करते। अगर तुम नम्र हो तो, तुम दूसरों को अपने से बेहतर जानोगे, तुच्छ नहीं। यीशु चाहते थे कि घमंडी लोग समझें कि परमेश्वर चाहते हैं कि हम नम्र हों, इसलिए उन्होंने यह दृष्टांत सुनायाः

दो लोग मंदिर में प्रार्थना करने के लिए गए। उनमें से एक फरीसी था। फरीसी लोग यहूदी धर्म गुरु होते थे, पर वह अपने हृदय से, पूरी तरह परमेश्वर के पीछे नहीं चलते थे। दूसरा चुंगी लेने वाला था। यीशु के समय के चुंगी लेने वाले अक्सर बहुत लालची लोग होते थे जो दूसरों के पैसे में से चुरा लिया करते थे।

जब फरीसी ने प्रार्थना की, उसने बस यही सोचा कि वह कितना अच्छा है। और खड़े होकर अपने मन में यह प्रार्थना करने लगा, हे परमेश्वर मैं तेरा धन्यवाद करता हूँ कि मैं और मनुष्यों के समान दुष्टता करने वाला, अन्यायी और व्यभिचारी नहीं और ना इस चुंगी लेने वाले के समान हूँ। मैं सप्ताह में दो बार उपवास करता हूँ, मैं अपनी सब कमाई का दसवाँ अंश भी देता हूँ।

परंतु चुंगी लेने वाला जो कुछ दूरी पर खड़ा था, उसने प्रार्थना की और स्वर्ग की ओर आँखें उठाना भी न चाहा और अपनी छाती पीट-पीट कर कहा, हे परमेश्वर मुझ पापी पर दया कर। क्योंकि वह जानता था कि वो पापी है और परमेश्वर भले हैं।

तुम्हारे अनुसार, तुम्हें क्या लगता है, परमेश्वर इन दोनों प्रार्थनाओं के बारे में क्या सोचते हैं? चुंगी लेने वाला अपनी प्रार्थना में नम्र था, फरीसी घमण्ड से भरा हुआ था। परमेश्वर नम्र लोगों से प्रेम और घमण्ड से नफरत करते हैं। यीशु ने कहा, कि वह फरीसी नहीं, परंतु यह चुंगी लेने वाला धर्मी ठहरा और अपने घर गया। क्योंकि जो कोई अपने को बड़ा बनाएगा, वह छोटा किया जाएगा; और जो अपने को छोटा बनाएगा, वह बड़ा किया जाएगा।

यीशु इस संसार के सबसे नम्र व्यक्ति थे। नम्रता, एक सच्चे मसीही की पहचान है।

तुम्हारे अंदर घमण्ड है या तुम नम्र हो, जाँचो? घमण्ड की क्षमा मांग कर, नम्र होकर परमेश्वर के पास आओ और उनसे आशीषें पाओ।

24. विधवाओं की दो कहानियां

एक दिन यीशु मंदिर में गए और वहाँ लोगों को दान में पैसा डालते हुए देखा। बहुत से अमीर लोग थे, जो अच्छे कपड़े पहने हुए आए और बहुत सा पैसा डाला। फिर एक गरीब विधवा आई और उसने दो तांबे के सिक्के डाले जो एक रुपये से भी कम होते हैं।

यीशु ने अपने चेलों को बुलाया और समझाया, 'कि इस गरीब विधवा ने सबसे बढ़कर डाला है, क्योंकि सब ने अपने धन की बढ़ती में से डाला है, परंतु इस विधवा ने अपनी घटी में से जो कुछ उसका था, यानी अपनी सारी जीविका डाल दी है।'

तुम देख सकते हो, कि यीशु दान देने वाले के दिल को देखते हैं ना कि उसका दान कितना बड़ा है।

यीशु ने बाद में एक और दृष्टांत बताया, जो कि एक लगातार निवेदन करने वाली विधवा के बारे में था। यीशु ने बताया, कि एक न्यायी था, जो अपना काम सही तरीके से नहीं करता था। वह गलत निर्णय देता था। उसे लोगों की कोई परवाह नहीं थी, और ना परमेश्वर का डर था।

एक दिन एक विधवा आई और उसने अपने विरोधी से छुटकारे के लिए न्याय मांगा। न्यायी ने उसकी बहुत समय तक नहीं सुनी। पर वह विधवा बार-बार लौटती रही और न्यायी से मदद मांगती रही। न्यायी सोचने लगा, कि मैं न परमेश्वर से डरता हूँ और न मनुष्य की कुछ परवाह करता हूँ, फिर भी यह विधवा मुझे सताती रहती है। इसलिए मैं उसका न्याय चुकाऊंगा, कहीं ऐसा ना हो कि वो घड़ी-घड़ी आकर मेरी नाक में दम कर दे।

यहाँ दो सीखें हैंः पहली, हम अगर अपनी घटी में से परमेश्वर को भेंट चढ़ाते हैं तो वह उसे ग्रहण करते हैं, क्योंकि वह देने वालों के हृदय को देखते हैं। और दूसरी, हमें लगातार प्रार्थना करनी है, क्योंकि परमेश्वर सुनते हैं।

क्या कोई ऐसी बात है, जिसके लिए तुम परेशान हो, तो प्रार्थना करते रहो जब तक उत्तर ना मिले ।

25. दाख की बारी के मज़दूर

जैसे आज होता है, वैसे ही यीशु के समय में भी लोग पूरे दिन मज़दूरी करते थे। यीशु ने दृष्टांत सुनाया, कि परमेश्वर का राज्य ऐसा है मानो एक व्यक्ति जो दाख की बारी का मालिक है। दाख की बारी वह जगह है, जहाँ अंगूर उगाए जाते हैं और वहाँ हमेशा बहुत काम रहता है।

जो इस बारी का मालिक था उसे कुछ मज़दूरों को किराए पर लाने की ज़रूरत थी। सुबह छः बजे वो बाज़ार गया और कुछ मज़दूरों को दिन के भाड़े पर ले आया। वे मज़दूर एक चांदी के सिक्के के लिए, पूरे दिन काम करने को तैयार थे। यह लोग दाख की बारी में जाकर काम करने लगे।

नौ बजे के करीब, वह मालिक फिर बाज़ार गया और उसने वहाँ पर और लोगों को बाज़ार में बेकार खड़े देखकर, उन्हें भी दाख की बारी में काम करने के लिए भेजा और कहा कि जो कुछ ठीक है, उन्हें देगा। पहले मज़दूरों की तरह, इन मज़दूरों को यह नहीं बताया कि कितना पैसा देगा। और यह मज़दूर भी काम करने के लिए वहाँ चले गए।

दाख की बारी का मालिक फिर से दिन में और शाम के तीन बजे और मज़दूरों को लेने गया। यहाँ तक कि शाम के पाचँ बजे भी वो बाज़ार से और मज़दूरों को लेने गया, जबकि

काम का एक घंटा ही बचा था। उसने उन मज़दूरों से पूछा कि वो क्यों दिन भर बेकार खड़े रहे? उन्होंने कहा कि उनको किसी ने मज़दूरी पर नहीं लगाया। उनको भी उसने अपनी बारी में काम करने के लिए भेज दिया।

दिन का काम खत्म होने का समय हुआ और उसने सब को उनके पैसे देने के लिए बुलाया। उसने सबसे पहले उन मज़दूरों को बुलाया जो आखिर में आए थे, और फिर जो लोग सुबह छः बजे आए थे, जो मज़दूर देर से आए थे उनको एक–एक चांदी का सिक्का मिला, जो मज़दूर उनसे पहले आए थे, उनको लगा कि उनको उससे ज्यादा सिक्के मिलेंगे। पर उनको भी एक–एक ही चांदी का सिक्का मिला। उन्हें इस बात पर शिकायत थी, कि यह ठीक नहीं है और उनके हिसाब से यह न्याय नहीं था।

पर उस ज़मीन के मालिक ने उनको याद दिलाया कि उनसे सुबह यह तय हुआ था कि वे चांदी के एक सिक्के के लिए दिन भर काम करेंगे और वे राज़ी थे। क्या मालिक अपने पैसे से जो वो चाहता है, नहीं कर सकता?

यीशु हमें यह समझा रहे हैं, कि कुछ लोग जीवन में जल्दी मसीही बन जाते हैं और परमेश्वर के लिए कई वर्षों काम करते हैं। कुछ लोग बाद में मसीही बनते हैं, या फिर अपने जीवन के अंत होने से थोड़ा ही पहले। फिर भी उन सब का वही इनाम है, परमेश्वर के साथ स्वर्ग में अनंत जीवन।

परमेश्वर हमेशा ही न्याय करते हैं।

क्या तुम हमेशा दूसरों के साथ न्याय करते हो? तुम्हारे लिए अगर कोई काम करे, तो तुम भी सही हिसाब करना।

26. दस कुँवारियों का दृष्टांत

यह दृष्टांत दस कुँवारियों का है जो दूल्हे का इंतज़ार कर रही थीं। क्योंकि रात का समय था, इसलिए हर एक के पास अपनी–अपनी मशालें थीं।

उनमें से पाँच कुंवारियाँ समझदार थीं, क्योंकि उन्होंने अपनी मशालों के साथ कुप्पियों में तेल भी भर लिया था। पर जो बाकी पाँच कुंवारियाँ थी वो मूर्ख थीं, उन्होंने अपनी मशालें तो लीं, परन्तु अपने साथ तेल से भरी कुप्पियाँ नहीं लीं।

जब दूल्हे के आने में देर हुई, तो वे सब ऊँघने लगीं और सो गईं। आधी रात को धूम

मची, दूल्हा आ रहा है, उस से भेंट करने के लिए चलो। दसों कुंवारियाँ उठीं और अपनी मशालें ठीक करने लगीं कि दुल्हे से मिलें। रास्ते में जो पाँच मूर्ख कुंवारियाँ थीं उनकी मशालें बुझने लगी, तो उन्होंने जो पांच समझदार कुंवारियाँ थी, उनसे तेल लेना चाहा।

पाँच समझदार कुंवारियाँ ये जानती थीं कि उन दसों के लिए तेल काफी नहीं होगा। उन्होंने मूर्ख कुंवारियों को कहा, कि वे जाकर तेल खरीद लें। तो पाँचों अपने लिए तेल खरीदने चली गईं। जब वे लौटीं तो उन्होंने पाया कि दूल्हा आ चुका था, और जो तैयार थीं, वे उसके साथ विवाह के घर में चली गईं, और द्वार बंद कर दिया गया।

मूर्ख कुंवारियाँ भी वहाँ आकर कहने लगीं, 'हे स्वामी, हमारे लिए भी द्वार खोल दे।' स्वामी ने उत्तर दिया, कि मैं तुमसे सच कहता हूँ , मैं तुम्हें नहीं जानता।

यीशु ने कहा, तुमको हमेशा तैयार रहना चाहिए, क्योंकि तुम्हें यह पता नहीं चल सकेगा कि परमेश्वर का पुत्र कब आयेगा, उस दूल्हे के समान। परमेश्वर के पुत्र यीशु अब किसी भी समय आ सकते हैं।

क्या तुम हर समय तैयार हो, यीशु के आने के लिए? क्योंकि यीशु जब आएगें वो जो उनमें विश्वास करते हैं, उन्हें अपने साथ बादलों में ले जाऐंगे।

27. जक्कई

यीशु यरीहो नाम के एक नगर में गये। उनका नाम दूर तक फैलता जा रहा था, क्योंकि वो अद्भुत काम करते और परमेश्वर की बातें सिखाते थे। यीशु जहाँ कहीं भी गये, लोग वहाँ उनसे मिलने के लिए जल्दी से पहुँच जाते।

यरीहो शहर में, जक्कई नाम का एक व्यक्ति रहता था। जो चुंगी लेने वालों का सरदार था, और वो बहुत धनी था। यीशु के समय में, लोगों को चुंगी लेने वाले बिल्कुल पसंद नहीं आते थे, क्योंकि वे अक्सर लोगों से पैसा ठगते थे। इसलिए यरीहो के लोग जक्कई को पसंद नहीं करते थे।

जक्कई यीशु को देखना चाहता था कि वह कौन सा है? परंतु भीड़ के कारण वो यीशु को देख नहीं सका, क्योंकि वह नाटा था।

तब जक्कई को याद आया कि सड़क के किनारे एक ऊँचा सा गूलर का पेड़ है। वो जल्दी से भागकर उस पेड़ पर चढ़ गया क्योंकि यीशु वहाँ से जाने वाले थे, और वो यीशु को देखना चाहता था।

जब यीशु उस पेड़ के पास आए, उन्होंने ऊपर देखा और जक्कई को नाम लेकर बुलाया। यीशु ने उससे कहा कि वो नीचे आये, क्योंकि वो रहने के लिए उसके घर जाना चाहते थे। जक्कई पेड़ से एक दम नीचे उतर कर आनंद से उन्हें अपने घर ले गया।

यह देख कर सब लोग कुड़कुड़ा कर कहने लगे, 'वह तो एक पापी मनुष्य के यहाँ गया है।'

जक्कई ने अपने घर पर यीशु का सत्कार किया और कहा कि उस ने निर्णय लिया है, कि अपनी आधी संपत्ति कंगालों को दे देगा। यह भी कहा कि उसने किसी का कुछ भी अन्याय करके चुरा लिया है, तो उसको उसका चार गुना लौटा देगा।

यहाँ सबसे ज़रूरी बात यह है कि, जक्कई का हृदय बदल गया था। जब लोग अपना जीवन यीशु को देते हैं, तब उनका हृदय बदल जाता है। वो पाप करना छोड़ देते हैं और जिन के साथ उन्होनें गलत किया है, उसके साथ अच्छा करते हैं।

जब यीशु ने जक्कई की बात सुनी तो उसने कहा, 'आज इस घर में उद्धार आया है।' यीशु ने अपने बारे में कहा कि 'वह मनुष्य की संतान हैं, जो खोए हुओं को ढूंढने और उनका उद्धार करने आये हैं।'

क्या तुम्हें खोई हुई भेड़ की कहानी याद है ? यीशु जब यरीहो आये तो वह जक्कई के लिए अच्छे चरवाहा थे। यीशु ने जक्कई को ढूंढा, और स्वर्गीय पिता की भेड़शाला में उनकी संतान बनाकर, शामिल किया। आज भी यीशु ऐसा ही कर रहे हैं।

क्या यीशु तुम्हारे दिल में आए हैं ? अगर तुम अपने पापों की क्षमा माँगो और उन्हें अपने दिल में आने दो तो, तुम्हारा जीवन भी बदल जाएगा।

28. जन्म से अन्धा व्यक्ति

एक दिन यीशु ने एक अन्धे को, सड़क के किनारे बैठ कर भीख माँगते हुए देखा। यह व्यक्ति जन्म से ही अन्धा था। तुमको यह मालूम होना चाहिए कि, जो जन्म से ही अन्धे होते हैं, उनकी आँखों की रोशनी कभी नहीं आ सकती।

यीशु के साथ उनके बारह चेले थे, जब वे उस अन्धे के पास से निकले, तो उनके चेलों को यह पता था कि वो व्यक्ति अपने जन्म से ही अन्धा है। उन्होंने यीशु से पूछा कि इसके अन्धे होने का क्या कारण है ? इसके पाप या इसके माता–पिता के पाप ?

यीशु ने कहा कि इनमें से कोई कारण नहीं है। यह इस लिए अंधा पैदा हुआ है ताकि उसके जीवन के द्वारा परमेश्वर का काम उसमें प्रकट हो।

तब यीशु ने रुक कर, नींचे थूका और उस थूक से मिट्टी सानी। उन्होंने उस व्यक्ति की आँखों पर वो लेप लगाया। फिर उस अन्धे को कहा, 'जा शीलोह के कुण्ड में धो ले।' उस अन्धे को यह बात हमेशा से पता थी कि उसकी आँखों की रोशनी कभी नहीं आ सकती।

फिर भी उसने यीशु से कोई प्रश्न नहीं किया, और उस कुण्ड के लिए निकल पड़ा। जैसे ही उसने जाकर आँखों को धोया, वह देखने लगा।

जिस किसी ने इसके बारे में सुना, वह हैरान हो गया। यहूदी धर्म गुरुओं ने लोगों को भेजा कि वे पता लगाएं कि ऐसा कैसे हुआ। पहले तो उन्होंने इस बात का विश्वास नहीं किया, कि यह वह अंधा भिखारी है। पर उस व्यक्ति ने कहा, 'मैं वही हूँ'।

तब धर्म गुरुओं ने उसके माता–पिता से बात की, यह पता लगाने के लिए कि क्या वो सच में अंधा था। तो उसके माता–पिता ने यह बताया कि, वह उन्हीं का बेटा है और जन्म से ही अंधा था।

धर्मगुरु एक बार फिर लौट कर उसके पास गए, जो जन्म से अंधा था। उन्होंने उससे कई बार पूछा, कि यीशु ने उसके साथ क्या किया। वे यह जानना चाहते थे कि यीशु ने उसकी आँखों को कैसे खोल दिया। उस व्यक्ति ने बताया, कि यीशु ने मिट्टी लगाई, फिर मैंने धो लिया, और अब देखता हूँ। पर यहूदी धर्मगुरु यह चाहते थे कि वह बोले कि यीशु पापी है।

उस व्यक्ति ने उत्तर दिया, कि वह नहीं जानता कि यीशु पापी है या नहीं। वह तो बस यह जानता है, कि वो अंन्धा था और अब देख सकता है। उसने उनको यह भी याद दिलाया कि जगत के आरंभ से यह कभी सुनने में नहीं आया कि किसी ने भी जन्म के अंधे की आँखें खोली हों। जब उसने यह कहा कि यीशु तो परमेश्वर के भेजे हुए भविष्यद्वक्ता हैं, उन ध ार्मगुरुओं को गुस्सा आया और उन्होंने उसे मंदिर में आराधना करने से रोक लगाकर, वहाँ से बाहर निकाल दिया।

यीशु ने वो किया, जो कभी किसी मनुष्य ने नहीं किया, ताकि हम जैसे लोग उनमें विश्वास कर सकें।

29. सूबेदार का यीशु में विश्वास

एक दिन कफरनहूम नगर के पास, यीशु ने लोगों में प्रचार कर के, सभा का अंत किया। जैसे ही वे उस नगर में आये, यह ख़बर एक रोमी सूबेदार तक पहुँची। सूबेदार वह अधिकारी होता है जिसके नीचे सौ सिपाही होते हैं।

उस सूबेदार का एक विश्वासयोग्य दास था, जो बीमारी से मरने पर था। अपने बीमार नौकर को वो छोड़कर नहीं जाना चाहता था। इसलिए उसने यहूदियों के प्राचीनों को, यीशु के पास इस विनती के साथ भेजा कि वो आकर उसके दास को चंगा करें।

यीशु के पास आकर, उन्होंने यीशु से विनती की, कि वह उनके साथ आएँ और उस सूबेदार के मरते हुए नौकर को चंगा करें। उन्होंने यीशु से कहा कि सूबेदार उनकी सहायता के योग्य है क्योंकि वो यहूदियों से प्रेम करता है, यहाँ तक कि उसने उनके लिए एक आराध नालय भी बनवाया है।

यीशु उनके पास जाने के लिए तैयार हो गए और यहूदी प्रचीनों के पीछे–पीछे गलियों में से निकले। सूबेदार के घर से थोड़ी ही दूर, उस सूबेदार के कुछ दोस्त उन यहूदी प्राचीनों के पास एक संदेश के साथ मिलने आए, जो यीशु के लिए था। उस सूबेदार ने कहला भेजा, कि वह उसके घर आने के लिए परेशान न हो। उसे लगा कि वह इस योग्य नहीं है कि यीशु उसके घर पर आएं। उसने कहा कि उसके पास अधिकार है कि जो कुछ वह अपने सिपाहियों से कहेगा, वो करेंगे। उसी तरह, यीशु बस वचन ही कह दें तो, उसका सेवक चंगा हो जाएगा।

जब यीशु ने सूबेदार की बात सुनी, वे पूरी तरह उसके विश्वास से हैरान रह गये। यीशु ने मुँह फेर कर उस भीड़ से जो उनके पीछे–पीछे आ रही थी कहा, कि उन्होंने इस्राएल देश में भी ऐसा विश्वास नहीं पाया। वो उसके जैसा विश्वास करने वाले व्यक्ति से कभी नहीं मिले।

उसी क्षण वह नौकर चंगा हो गया।

जब यीशु तुमको वचन देते हैं, तुम निश्चित हो जाओ कि वो अपना वायदा ज़रुर पूरा करेंगे।

जब तुम बाईबिल पढ़ते हो, तो क्या तुम उन बहुत से वायदों को देख सकते हो, जो उन्होंने तुम्हारे लिए दिए हैं?

30. कुबड़ी स्त्री की कहानी

सब्त के दिन, यीशु आराधनालय में उपदेश दे रहे थे। यहूदी यह मानते थे, कि सब्त के दिन, लोगों को कोई काम नहीं करना चाहिए और उन्हें यह भी लगता था कि चमत्कार करना भी एक काम है। जैसे यीशु प्रचार कर रहे थे उन्होंने एक स्त्री को देखा, जो अठारह सालों से कुबड़ी थी। बाईबिल बताती है कि वो पूरी तरह से आगे की ओर झुकी हुई थी और सीधी खड़ी नहीं हो सकती थी। उसे एक दुर्बल करने वाली दुष्ट आत्मा लगी थी।

जैसे ही यीशु ने उस स्त्री को देखा, उसे बुलाया और बताया, कि वह अपनी उस दशा से मुक्त हो गयी है। यीशु ने उस पर अपने हाथ रखे और वह तुरंत सीधी खड़ी हो गई। उसने परमेश्वर की स्तुति करना और अपनी चंगाई के लिए उनका धन्यवाद करना शुरू कर दिया।

आराधनालय का सरदार बहुत गुस्सा होने लगा, क्योंकि यीशु ने उस स्त्री को सब्त के दिन चंगा किया था। उसने यीशु को डांटा और कहा कि काम करने के लिए सप्ताह के छः दिन हैं और लोगों को उन दिनों में ही आकर चंगाई लेनी चाहिए, परन्तु सब्त के दिन में नहीं।

इस पर यीशु ने आराधनालय के सरदार को कपटी कहा। उन्होंने उससे एक सवाल पूछा, कि क्या वो सब्त के दिन अपने बैल या गधे को थान से खोल कर पानी पिलाने नहीं ले जाते? यह करना भी तो काम ही है, और सब लोग यह काम सब्त को भी करते हैं। तो यीशु ने उनसे कहा कि क्या यह जरूरी न था कि वो उस स्त्री को चंगा करें जिसे शैतान ने अठारह सालों से बांध रखा था, और वह सब्त के दिन इस बंधन से छुड़ाई जाती।

यीशु हमेशा लोगों की मदद करने के लिए सोचते थे।

क्या तुम कुछ तरीके सोच सकते हो जिसके द्वारा तुम परमेश्वर को यह दिखा सको कि तुम लोगों की चिंता करते हो?

31. एक धनी युवक

यीशु मार्ग में जा रहे थे, जब एक धनी युवक उनके पास दौड़ता हुआ आया। उस धनी युवक ने यीशु से कहा, 'अच्छे गुरु, मैं कौन सा भला काम करुँ, कि अनंन्त जीवन पाऊँ'?

इस पर यीशु ने पलट कर उससे पूछा, कि वह उन्हें 'अच्छा' क्यों कह रहा है, क्योंकि केवल परमेश्वर ही अच्छे हैं। फिर उन्होंने उस युवक से कहा, कि यदि वह अनंन्त जीवन चाहता है तो उसको परमेश्वर की आज्ञाओं का पालन करना चाहिए। यीशु ने उसे याद दिलाया कि परमेश्वर ने कहा है, 'कि हत्या ना करना, व्यभिचार ना करना, चोरी ना करना, झूठी गवाही ना देना, अपने माता पिता का आदर करना, और अपने पड़ोसी से अपने समान प्रेम रखना।

उस धनी जवान व्यक्ति ने यीशु को बताया कि वह इन सब आज्ञाओं का पालन, जब से

वह छोटा लड़का था, तब से करता आया है। उसने यीशु से पूछा, कि उसमें किस बात की कमी है।

यीशु उसके जीवन की कमज़ोरी को अच्छे से जानते थे। उन्होंने उससे कहा, 'यदि तू सिद्ध होना चाहता है; तो अपना सब कुछ बेच कर सारा पैसा गरीबों को बांट दे, तो तुझे स्वर्ग में धन मिलेगा और फिर मेरे पीछे हो ले।'

जब उस धनी जवान ने यीशु की यह बात सुनी कि उसे अपना सब कुछ बेच कर गरीबों को पैसा बाँटना होगा, तब वो यीशु के पीछे आ सकता है। वह उदास होकर वापस चला गया, क्योंकि वह बहुत धनी था।

तब यीशु ने अपने चेलों से कहा कि, 'धनी लोगों के लिए और जो लोग अपने पैसों पर भरोसा रखते हैं, उनका स्वर्ग जाना कठिन है'। यह सुनकर यीशु के चेलों ने पूछा, 'फिर किस का उद्धार हो सकता है'? वे सोचने लगे, कि 'फिर कौन स्वर्ग जा सकता है'? वे ऐसा इसलिए सोच रहे थे क्योंकि यहूदी लोग यह विश्वास करते थे कि धन का होना यह दर्शाता है, कि परमेश्वर उनसे खुश हैं।

यीशु ने उत्तर दिया, कि परमेश्वर की सहायता से सब कुछ हो सकता है। पतरस ने यीशु से कहा और याद दिलाया कि उसने और बाकी चेलों ने, अपना सब कुछ छोड़ा और उनके पीछे हो लिए।

याद रखो कि परमेश्वर आपके जीवन में पहला होना चाहते हैं। जो चीजें तुम्हें प्यारी हैं, क्या तुम्हारे लिए परमेश्वर से भी ज़्यादा ज़रूरी हैं?

32. दुष्ट आत्माओं से भरा हुआ व्यक्ति

एक बार यीशु और उनके चेले, गलील समुद्र पार करके गिरासेनियों के देश में पहुंचे। जब नाव पर से उतरे तो तुरंत एक मनुष्य जिसमें अशुद्ध आत्माएं थी, कब्रों के बीच में से निकल कर आया। अशुद्ध आत्माएं शैतान का कहना मानती हैं और इंसानों को चोट पहुंचाती हैं।

वो आदमी कब्रिस्तान में रहता था। लोगों ने उसे ज़ंज़ीरों और बेड़ियों से बांध के रखने की कोशिश की, पर उसके अंदर की दुष्ट आत्माएं उनको तोड़ देती थीं। वो दिन रात, चिल्लाता रहता था और अपने आपको पत्थरों से घायल करता था।

जब उस आदमी ने दूर ही से यीशु को देखा, तो वो दौड़ कर उसके पास आया और उसे प्रणाम किया। और ऊँचे शब्द से चिल्ला कर पूछा, कि यीशु, उससे क्या चाहते हैं। उसने यीशु को, 'परम प्रधान परमेश्वर का पुत्र' कहकर बात की, क्योंकि दुष्ट आत्माएं यीशु को पहचान सकती हैं। इस आदमी के अंदर की दुष्ट आत्माओं ने यीशु से विनती की, कि वह उन्हें पीड़ा ना दें।

यीशु ने उस आदमी से उसका नाम पूछा और उसके अंदर की दुष्ट आत्माओं ने कहा कि उनका नाम 'सेना' है, क्योंकि वे ढेर सारी थीं। उन्होंने यीशु से यह विनती की, कि यीशु उन्हें उस देश से बाहर ना भेजें। बल्कि वे चाहती थीं कि पास में जो सूअरों का झुंड था, वो उनमें भेज दी जाएं।

यीशु ने उन्हें आज्ञा दी, कि वे उन सूअरों में चली जाएं। वे उस आदमी में से निकल कर सूअरों के भीतर घुस गईं, और वे सारे सूअर झील में जा पड़े और डूब मरे। उन सूअरों के रखवालों ने भागकर नगर और गांवों में जो कुछ भी उन्होंने देखा था, वो बताया।

नगर के लोग, उस दुष्ट आत्माओं से जकड़े हुए आदमी को देखने आए। वो अब चंगा हो चुका था और लोग उसे कपड़े पहने और अपने पूरे होश में बैठे देख कर, डर गए। लोगों ने डर के मारे यीशु से विनती की, कि वे उस नगर को छोड़ कर चले जाएं।

जैसे ही यीशु और उनके चेले नाव में चढ़े, जो आदमी दुष्ट आत्माओं से ग्रस्त था, यीशु से विनती करने लगा, 'मुझे अपने साथ रहने दें। पर यीशु ने उसे मना कर दिया।

यीशु ने उसे घर लौट जाने को कहा कि वो सब को बताए कि कैसे परमेश्वर ने उस पर दया कर के उसे चंगा किया है। उस आदमी ने जाकर सब को बताया जो परमेश्वर ने उसके लिए किया।

यीशु के पीछे चलने का मतलब है, कि सब को बताएं यीशु ने हमारे लिए क्या किया।

जब यीशु तुम को चंगा करें या अशुद्ध आत्मा से छुटकारा दें, तो तुम भी औरों को यह बता सकते हो।

33. नाईन नगर की विधवा

एक बार यीशु अपने चेलों के साथ नाईन नाम के एक नगर में गये। एक बड़ी भीड़ भी यीशु के पीछे-पीछे वहाँ आ गई। जैसे ही यीशु नगर के फाटक के पास पहुंचे, उन्होंने देखा कि लोग एक मुर्दे को लिए हुए जा रहे थे। यह अपनी माँ, जो एक विधवा थी, उस का एकलौता पुत्र था। नगर के बहुत से लोग उसके दुख में उसके साथ थे।

यीशु इस विधवा के पास आए और उन्हें उस पर तरस आया। यीशु ने उससे कहा, कि वह ना रोए। तब उन्होंने पास आकर अर्थी को छुआ और उठाने वाले ठहर गए।

यीशु ने उस जवान को कहा, 'उठ'। वो मुर्दा एकदम उठ कर बैठा, साँस लेने और बात करने लगा। यीशु ने उसको उसकी माँ को सौंप दिया। पहले तो सब चकित हो गये। फिर प्रभु का भय उन पर छाया और वह सब परमेश्वर की बढ़ाई करने लगे। लोगों ने यह भी कहा, कि उनके बीच में भविष्यद्वक्ता है और कि परमेश्वर ने अपने लोगों पर कृपा दृष्टि की है।

अपनी सेवा के दौरान, यीशु ने बहुत से मृतकों को जीवित किया है। उनके चमत्कारों से यह पता चलता है कि वे परमेश्वर के भेजे हुए थे।

यीशु विधवाओं की चिन्ता और सहायता करते हैं।

क्या तुम्हारे आस-पास कोई विधवा है, जिस पर तुम आज दया कर सको?

34. लाज़र

बैतनिय्याह गांव में लाज़र, उसकी बहनें मार्था और मरियम रहते थे। यीशु इन लोगों से प्रेम करते थे। एक दिन लाज़र बहुत बीमार पड़ गया, तो मरियम और मार्था ने यीशु को संदेश भेजा कि, जिससे तू प्यार करता है, वह बहुत बीमार है। जब यीशु ने यह खबर सुनी, उन्होंने अपने चेलों से कहा कि, यह बिमारी मृत्यु की नहीं, परन्तु परमेश्वर की महिमा के लिए है, कि उसके द्वारा परमेश्वर के पुत्र की महिमा हो। यीशु दो दिन और उसी जगह रुक गए, जहाँ वह गए हुए थे।

दो दिनों के बाद, यीशु ने अपने चेलों से कहा, कि उनको फिर यहूदिया नगर लौटना है। यीशु के चेलों ने उन्हें चिताया, कि उनका वहाँ जाना अभी ठीक नहीं है क्योंकि वहाँ यहूदी

उन्हें पथराव कर के मार डालना चाहते थे। यीशु ने उत्तर दिया, कि लाज़र सो रहा था और वो उसे जगाने के लिए वहाँ जाना चाहते हैं।

यीशु के चेले उलझन में पड़ गए। उन्हें लगा कि अगर लाज़र सो रहा है तो बच जाएगा। यीशु को उनको समझाना पड़ा कि लाज़र तो मर चुका था ।

जब यीशु यहूदिया के बैतनिय्याह गांव में पहुँचे, वे चार दिन पहले ही लाज़र को कब्र में रख चुके थे। जैसे ही मार्था ने सुना कि यीशु आ रहे हैं, वो उनसे भेंट करने को गई, पर मरियम घर पर ही बैठी रही।

मार्था यह जानना चाहती थी कि यीशु, लाज़र को चंगा करने के लिए पहले क्यों नहीं आए थे। यीशु ने उसे विश्वास दिलाया कि उसका भाई जी उठेगा। मार्था ने यीशु से कहा, 'मैं जानती हूँ, अंतिम दिन में पुनरुत्थान के समय वह जी उठेगा {जो यीशु में विश्वास करते हैं और मर चुके हैं, वे उस दिन फिर जी उठेगें} । पर यीशु ने उससे कहा, 'पुनरुत्थान और जीवन मैं ही हूँ।' यीशु ने मार्था को यह भरोसा दिलाया, कि जो कोई उन में विश्वास करेगा, वो यदि मर भी जाए, तो भी जीएगा और जो कोई जीवित है, और उन पर विश्वास करता है, वह अनंत काल तक ना मरेगा। मार्था ने कहा, कि वह विश्वास करती है कि, परमेश्वर के पुत्र यीशु मसीह जो जगत में आने वाले थे, वह यीशु ही हैं। जो जगत को उसके पापों से छुड़ाएंगे और बचाएंगे।

इसके बाद, मरियम अपने शोक और दुख में जाकर यीशु को दोष देते हुए मिली, कि वह उसके भाई को बचाने के लिए पहले नहीं आए। यीशु लोगों की बात सुनकर बहुत ही उदास

और व्याकुल हुए। यीशु रोए। फिर उन्होंने कुछ लोगों से कहा, कि कब्र पर से पत्थर को हटाएं। उन्होंने यीशु से कहा, कि उसमें से तो दुर्गन्ध आती होगी, क्योंकि उसे मरे चार दिन हो चुके थे।

यीशु ने अपनी आँखें ऊपर उठाकर, अपने पिता परमेश्वर को धन्यवाद करते हुए कहा, कि वो सदा उसकी सुनते हैं, और कि उन्होंने उसकी सुनली। फिर यीशु ने बड़े शब्द से पुकारा, 'हे लाज़र, निकल आ'। वह कफन से हाथ पांव बंधे हुए निकल आया और उसका मुंह अँगोछे से लिपटा हुआ था। यीशु ने लोगों को कहा, कि वो लाजर को खोलकर जाने दें।

जब लोगों ने यह चमत्कार देखा, तो वे चकित रह गए और यीशु पर विश्वास करने लगे। लेकिन जब प्रधान याजकों और फरीसियों को यह बात पता चली तो वे यीशु को मार डालने की योजना बनाने लगे।

फरीसी यह जानते थे कि यीशु परमेश्वर की ओर से आये हैं, लेकिन उनके हृदय कठोर थे। जब हम रोज़ अपने पापों को परमेश्वर के सामने मानते हैं तो, हमारा हृदय परमेश्वर के प्रति कोमल रहता है।

मार्था और मरियम निराशा में थे, कि यीशु ने उनको जल्दी जवाब नहीं दिया।

क्या तुम्हें भी कभी ऐसा लगता है? विश्वास में बने रहो, क्योंकि परमेश्वर कुछ भी कर सकते हैं।

35. यरूशलेम में यीशु का स्वागत

एक दिन यीशु, आखिरी बार यरूशलेम के पास आए। उन्होंने अपने दो चेलों से कहा, कि वे आगे गांव में जाएं और वहाँ पर उनको एक गदही बंधी हुई मिलेगी, उसे यीशु के पास लायें। अगर उनसे कोई भी पूछे कि वे उसे क्यों ले जा रहे हैं, तो उनको यह जवाब देना, कि प्रभु को इसकी ज़रूरत है।

जब वे उस गदही को यीशु के पास लाए, तब कुछ चेलों ने अपने कपड़े गदही पर डाले और यीशु को उस पर सवार किया। जैसे ही यीशु उस पर सवार होकर यरूशलेम की ओर चले, तो और लोगों ने भी अपने कपड़े गदही के सामने मार्ग में बिछाए, और खजूर की डालियाँ भी काट कर उनके मार्ग में डालीं। यह एक खास सत्कार होता था, किसी राजा के आने पर।

जैसे ही यीशु यरूशलेम के बहुत पास आ पहुँचे, वैसे ही एक बड़ी भीड़ ने उन्हें घेर लिया और उन्होनें ने जो चमत्कार किए थे, उस के लिये उनकी प्रशंसा करने लगे। लोग पुकार–पुकार कर कहने लगे, 'दाऊद के संतान को होशाना; धन्य है वह जो प्रभु के नाम से आता है, आकाश में होशाना।' 'होशाना' का मतलब है, 'हे प्रभु हमें बचा'।

धर्मगुरु जो फरीसी कहलाते थे, उन्होंने भीड़ को परमेश्वर की प्रशंसा करते सुना। उन्होंने यीशु से कहा, कि वो लोगों को ऐसा करने से रोकें। पर यीशु ने कहा, अगर वो लोग प्रशंसा करना रोकेंगे तो, पत्थर चिल्ला उठेंगे।

जब यीशु यरूशलेम पहुंचे, उन्हें बहुत दुख हुआ। वो तो, उनकी मदद करने के लिए आए थे, लेकिन उनमें से बहुत से लोग यीशु को नहीं अपनाना चाहते थे।

आज भी बहुत से लोग, यीशु को नहीं अपनाते हैं।

शायद यीशु के साथ चलना तुम्हारे लिए, एक सकरे मार्ग पर चलने के समान हो। यीशु ने तुम्हारे लिए अपनी जान दी, क्योंकि वो तुमसे प्रेम करते हैं ।

क्या तुम उनके प्रेम को अपनाकर, उन्हें अपने दिल का राजा बनाओगे?

36. पतरस का अंगीकार

एक दिन यीशु ने अपनी शिक्षा, अपने चेलों से यह पूछने से शुरू की, कि लोग यीशु को क्या समझते हैं?

एक चेले ने कहा, कि कुछ तो यूहन्ना बपतिस्मा देने वाला कहते हैं। एक और चेले ने कहा, कि लोगों ने सोचा कि वो एलिय्याह हैं। तीसरे चेले ने यह कहते हुए जवाब दिया, कि कुछ लोग उन्हें यिर्मयाह या भविष्यद्वक्ताओं में से कोई एक कहते हैं।

फिर यीशु ने उनसे पूछा, कि वे क्या सोचते हैं, कि वो कौन हैं ? तुरंत शमौन पतरस ने उत्तर दिया, कि यीशु तो जीवते परमेश्वर के पुत्र मसीह हैं। यीशु ने पतरस से कहा, कि वो सही है। क्योंकि मांस और लहू ने नहीं परंतु उनके पिता जो स्वर्ग में हैं, यह बात उन्होंने पतरस पर प्रगट की है। पतरस ने यह बात तो, परमेश्वर पिता जो स्वर्ग में हैं , उनसे ही सुनी है।

हमारे संसार में, आज भी बहुत से ऐसे लोग हैं जो यह नहीं जानते कि, यीशु कौन है? कुछ कहते हैं कि यीशु भविष्यद्वक्ता थे। कुछ मानते हैं कि वह एक अच्छे शिक्षक थे। कुछ मानते हैं कि यीशु लोगों को अपने बारे में सच नहीं बता रहे हैं। तुमको और मुझको यह कहने के लिए तैयार रहना है, कि 'यीशु ही मसीह हैं, जीवते परमेश्वर के इकलौते पुत्र'।

अगर तुम चाहो तो तुम भी परमेश्वर पिता कि आवाज़ सुन सकते हो। उनसे प्रार्थना करो।

37. फसह के पर्व का अंतिम भोज

यीशु मसीह के पकड़वाए जाने से पहली रात, उन्होंने यह फसह का पर्व, अपने चेलों के साथ, एक खास भोजन करके मनाया। यीशु ने अपने चेलों को नगर में, फसह के पर्व, के भोजन की तैयारी करने के लिए भेजा। शाम को यीशु और उनके बारह चेले, इस भोजन को खाने के लिए बैठे। यीशु नें उन बारहों से कहा, कि उनमें से कोई एक उन्हें धोखा देगा और

विरोधियों को पकड़वाएगा। वो दंग रह गए और उन सब ने यीशु से पूछा, कि कहीं वे तो नहीं। जब यहूदा ने पूछा, यीशु ने धीमे से कहा, कि 'हाँ' तू ही है।

यीशु ने परमेश्वर को रोटी के लिए धन्यवाद दिया और अपने चेलों को यह कहते हुए खाने को दी, कि यह मेरी देह है, जो तुम्हारे लिये दी जाती है। मेरी याद में यही किया करो। फिर उन्होंने दाख़रस का प्याला उठाया और उसके लिए परमेश्वर का धन्यवाद किया और कहा, कि यह प्याला मेरे उस लोहू में जो तुम्हारे लिये बहाया जाता है, नई वाचा है। (जो लोगों के पापों को क्षमा करने के लिए बहाया जाता है) और चेलों को पीने के लिए दिया।

फिर यीशु ने एक बर्तन में पानी भरकर चेलों के पाँव धोए और जिस अँगोछे से उनकी कमर बंधी थी उसी से पोछने लगे। जब यीशु पतरस के पास आए। पतरस ने यीशु को उसके पैर धोने से रोका। पर यीशु ने उससे कहा, कि वो उन्हें ऐसा करने दे, नहीं तो पतरस उनके चेलों में से एक ना हो सकेगा।

पतरस ने यीशु को, इस बात पर यह जवाब दिया, कि यीशु ना केवल उसके पैर बल्कि हाथ और सिर भी धो दें। तब यीशु ने उससे कहा, कि उनको सिर्फ पतरस के पैर धोने हैं और फिर उसका पूरा शरीर साफ हो जाएगा।

जब यीशु यह सब कर चुके, तब चेलों से पूछा, कि जो कुछ उन्होंने किया था, क्या वे उसे समझ सके? यीशु ने उनसे कहा, कि वो उनको 'शिक्षक' और 'प्रभु' कह कर बुलाते हैं, लेकिन जैसे उन्होंने अपने चेलों के पावँ धोए हैं, उसी तरह उनको भी एक दूसरे की सेवा करनी चाहिए।

यीशु ने हमें यह उदाहरण दिया है, कि हमें दूसरों के साथ कैसा बर्ताव करना चाहिए।

क्या तुम कुछ ऐसे तरीके सोच सकते हो, कि दूसरों के लिए एक नम्र सेवक बन सको?

38. यहूदा इस्करियोती का यीशु को धोखा देना

फसह के पर्व के भोजन, के समय एक भजन गाकर यीशु और उनके चेले गतसमनी नाम के बाग में आ गए। उन्होंने अपने सब चेलों से कहा, कि वे वहीं बैठे रहें, जब तक कि वो जाकर अपनी प्रार्थना करें। जाते हुए यीशु अपने साथ पतरस, याकूब, और यूहन्ना को लेकर थोड़ा आगे बढ़े।

यीशु ने उन तीनों को भी एक जगह रुक जाने को कहा और कहा कि 'मेरे साथ जागते रहो' फिर जा कर अकेले प्रार्थना करने लगे, क्योंकि उनका हृदय उदास था। मुंह के बल गिरकर यीशु ने तीन बार यह प्रार्थना की, कि जो दुख उन्हें उठाना था हो सके तो वो प्याला टल जाए। फिर भी उनकी इच्छा नहीं उनके स्वर्गीय पिता की इच्छा पूरी हो। वे दुख सहने के लिए तैयार थे।

यीशु दो बार, प्रार्थना के बाद, जब अपने तीनों चेलों के पास लौटे तो देखा कि वह सोए हुए थे। तीसरी बार यीशु उनके पास लौटे और तब भी उन्हें सोता पाया, तो कहा, 'अब सोते रहो, और विश्राम करो; देखो समय आ पहुँचा है, और मनुष्य का पुत्र पापियों के हाथ पकड़वाया जाता है। देखो, मेरा पकड़वाने वाला निकट आ पहुँचा है'।

जब वो बोल ही रहे थे, यहूदा इस्करियोती जो यीशु का एक चेला था, एक बड़ी भीड़ के साथ जो तलवारें और लाठियाँ लिए हुए थे, आये। यहूदा ने आकर यीशु को चूमा क्योंकि यह एक चिन्ह था महायाजक के लिए कि वही यीशु हैं, जिन्हें उन्हें पकड़ना था।

यीशु ने उन्हें अपने आप को पकड़वाने दिया। पर जब पतरस ने देखा, कि वो यीशु को पकड़ रहे हैं, उसने हाथ बढ़ाकर एक सिपाही कि तलवार खींचली और महायाजक के दास पर चला कर उस का कान काट दिया। यीशु ने उसे तलवार म्यान में रखने को कहा, और उस दास तक पहुँचकर, जिसका कान कट गया था उसे एकदम चंगा किया।

यीशु ने उन्हें याद दिलाया कि वो अपने स्वर्गीय पिता से प्रार्थना करके मदद मांग सकते थे। परमेश्वर उनकी सुरक्षा के लिए स्वर्गदूतों को भी भेज सकते हैं। यीशु यह जानते थे कि उनको दुख उठाकर मृत्यु सहनी होगी, ताकि बाईबिल में लिखी बातें पूरी हों।

यीशु को पकड़ने वालों के बीच अकेला छोड़कर उनके चेले डर कर भाग गए। पतरस कुछ दूरी तक यीशु के पीछे गया। यीशु के पकड़ने वाले उसको कैफा नाम के महायाजक के पास ले गए। उन्होंने यीशु पर, अपराध करने का दोष लगाया और उनके विरोध में लोगों से झूठ भी बुलवाया। फिर कैफा ने यीशु से पूछा, कि तू परमेश्वर का पुत्र मसीह है। जब यीशु ने कहा, कि वही परमेश्वर के पुत्र हैं, तो कैफा को गुस्सा आया और उसने यीशु को 'मृत्युदंड' के योग्य ठहराया।

इस तरह यीशु के चेले, यहूदा इस्करियोती ने, जो लोग यीशु के विरोध में थे, उनसे तीस चांदी के सिक्के लेकर उन्हें धोखा देकर पकड़वा दिया। लेकिन जब यीशु को मृत्युदंड सुनाया गया, तो उसे बहुत पश्चाताप हुआ और उसने आत्महत्या कर ली।

क्या तुम्हें किसी चीज़ का लालच तो नहीं, कि उसे पाने के लिए तुम कोई भी बुरा काम या किसी के साथ कुछ भी गलत करो?

39. क्रूस पर यीशु की मृत्यु

यीशु को पकड़ने के बाद, अगले दिन, जब भोर हुई, तो प्रधान याजक ने यीशु को पिलातुस राजपाल के पास भेजा और उसके हाथों में सौंप दिया। पिलातुस ने यीशु से पूछा, कि क्या वो यहूदियों का राजा है? यीशु ने उनसे कहा, 'तू आप ही कह रहा है।' जबकि यहूदी धर्म गुरु यीशु पर अपराध का दोष लगा रहे थे, फिर भी उन्हें कुछ ठोस कारण नहीं मिल सका था, कि वो यीशु को मृत्युदंड दें।

पिलातुस ने प्रधान याजकों, पुरनिओं और दूसरे लोगों को बुलवाया। उसने उनसे कहा कि उसने यीशु से बात की, पर उसे मृत्युदंड दिया जाये, ऐसा कोई कारण उसे नहीं मिला।

फिर भी धर्म गुरुओं ने लोगों से कहा, कि वो चिल्ला–चिल्ला कर कहें, कि यीशु को मार डाला जाए।

पिलातुस यीशु को छोड़ देना चाहता था। यहाँ तक कि उसकी पत्नी ने कुछ सपना, देखा था, और उनके कारण उसने सपने में बहुत दुख उठाया। उसने भी पिलातुस से विनती की, कि वो यीशु को छोड़ दें। पर लोग उन्हें सूली पर चढ़ाने के लिए चिल्लाते रहे। आखिर में पिलातुस ने उनकी मांग को पूरा किया ,यीशु को मृत्युदंड सुनाया और कोड़े लगवा कर सौंप दिया, की क्रूस पर चढ़ाये जायें।

सैनिक यीशु को महल में ले गए और वहाँ उन्हें लाल राजकीय चोगा पहनाया। फिर कांटों का मुकुट गूँथकर उनके सिर पर रखा और उन्हें यहूदियों का राजा कह कर, उनका मज़ाक उड़ाने लगे। उन्हें यह समझ नहीं आया, कि वो एक राजा थे। उन्होंने यीशु की दाढ़ी नोची और उनके चेहरे पर थूका। कोड़ों कि मार से उनकी पीठ खुद गई थी और लहू बह रहा था। उन्होंने यीशु से उनकी पीठ पर लकड़ी का भारी क्रूस उठवाया। लकिन क्योंकि यीशु की

पीठ कोडों की मार से घायल थी वह पूरे रास्ते उसे नहीं उठा सके। तब सैनिकों ने शिमौन नाम के एक व्यक्ति से ज़बरदस्ती आगे के रास्ते के लिये क्रूस उठवाया ।

फिर सैनिक यीशु को यरूशलेम के बाहर गुलगुता की पहाड़ी पर ले गए। जहाँ पर उन्होंने यीशु को उस क्रूस पर जिसे उन्होंने उठाया था, कीलों से ठोक कर चढ़ा दिया। वहाँ पर दो और क्रूस रखे थे। यीशु बीच में थे, और उनके साथ दो डाकू , एक दाहिने ओर एक बाएँ, क्रूस पर चढ़ाए गए थे। पिलातुस ने एक 'दोष पत्र' बनाया यीशु के सिर के ऊपर लगाया, कि 'यह यहूदियों का राजा है'।

आने–जाने वाले उनका मज़ाक उड़ा रहे थे। हँसकर, यह कहते थे, कि दूसरों को बचाने वाला अपने आप को नहीं बचा सका। यीशु अपने को बचा सकते थे, पर उन्होंने ऐसा नहीं किया। क्योंकि वो हम को बचाना चाहते थे। क्रूस पर उन्होंने अपने अपराधियों को माफ किया।

अंत में यीशु ने अपनी आखिरी सांस, यह कहते हुए ली, कि 'पूरा हुआ'। यानी कि जो काम करने वे संसार में आए थे, उसे पूरा किया। फिर यीशु ने सिर झुकाकर बड़े शब्द से चिल्लाकर अपने प्राण छोड़ दिए।

यह एक दुख से भरी कहानी लगती है, पर दुनिया की सभी कहानियों में सबसे महान कहानी यही है। यीशु सब के पापों के लिए मरे, इसलिए, अब जब हम परमेश्वर से अपने पापों की क्षमा मांगते हैं, तो यीशु के लहू में हमारे पाप धुल जाते हैं।

बाईबिल बताती है, 'कि परमेश्वर ने जगत से ऐसा प्रेम किया, कि उसने अपना एकलौता पुत्र दे दिया, कि जो कोई उस पर विश्वास करे, वह नाश ना हो, बल्कि अनंत जीवन पाए।'(यूहन्ना 3:16)

यीशु ने अपना जीवन तुम्हारे लिए दिया। क्या कुछ ऐसा है जो तुम उनके लिए कर सकते हो?

40. यीशु का मृतकों में से जी उठना

यीशु की मृत्यु के बाद, शाम को, अरिमतिया नगर का, यूसुफ नाम का एक धनी मनुष्य, जो यीशु का चेला था, उसने यीशु के शरीर को मांग कर, अपनी नई कब्र में रखा, जो कभी इस्तेमाल नहीं हुई थी। उन समयों में कब्रें चट्टानों को काटकर बनती थीं, एक गुफा के समान।

आज की तरह उन्हें ज़मीन में नीचे नहीं दफनाते थे। इससे पहले कि यूसुफ कब्र से जाए, उसने और कुछ आदमियों ने मिलकर एक बड़ा पत्थर लुढ़का कर कब्र को बंद कर दिया था।

जैसे यीशु ने कहा था, वो तीसरे दिन मुर्दों में से जी उठे। मरियम मगदलीनी और मरियम जो याकूब की माँ थी, यीशु के शरीर को तैयार करना चाहती थीं, लेकिन वे सब्त के दिन की वजह से नहीं कर सकीं। क्योंकि वह आराम का दिन था। यीशु के शरीर के लिए वे कुछ मसालों का लेप और तेल लेकर उस दिन सुबह कब्र पर जल्दी आयीं। जैसे ही वे कब्र पर पहुंची, एक बड़ा भूकंप हुआ, क्योंकि परमेश्वर का एक दूत, स्वर्ग से उतरा। उसका रूप बिजली के सामान और वस्त्र हिम के समान उज्जवल थे। उसने पास आकर पत्थर को लुढ़का दिया और उस पर बैठ गया।

यीशु की कब्र पर रोमी सैनिक पहरा दे रहे थे, ताकि कोई भी यीशु के शरीर को चुरा ना सके। जब उन्होंने स्वर्गदूत को देखा तो डर के मारे, कांप उठे और मृतक समान हो गए। हिल भी नहीं सके।

उस स्वर्गदूत ने स्त्रियों से कहा, 'डरो मत, मैं जानता हूँ कि तुम यीशु को जो क्रूस पर चढ़ाया गया था ढूंढती हो। वह यहाँ नहीं हैं, परंतु अपने वचन के अनुसार जी उठें हैं।' वे आकर उस स्थान को भी देख सकती थीं, की कब्र खाली है। स्वर्गदूत ने उनसे कहा कि अगर वह यीशु से मिलना चाहती हैं तो, उसे गलील को जाते पाएंगी।

जब वे जल्दी में घर की तरफ लौट रही थीं, उनकी यीशु से मुलाकात हुई। यीशु ने उनसे कहा 'सलाम'। वैसे ही उन्होनें पास आकर उनके पांव पकड़े और उनको दंडवत किया। तब यीशु ने

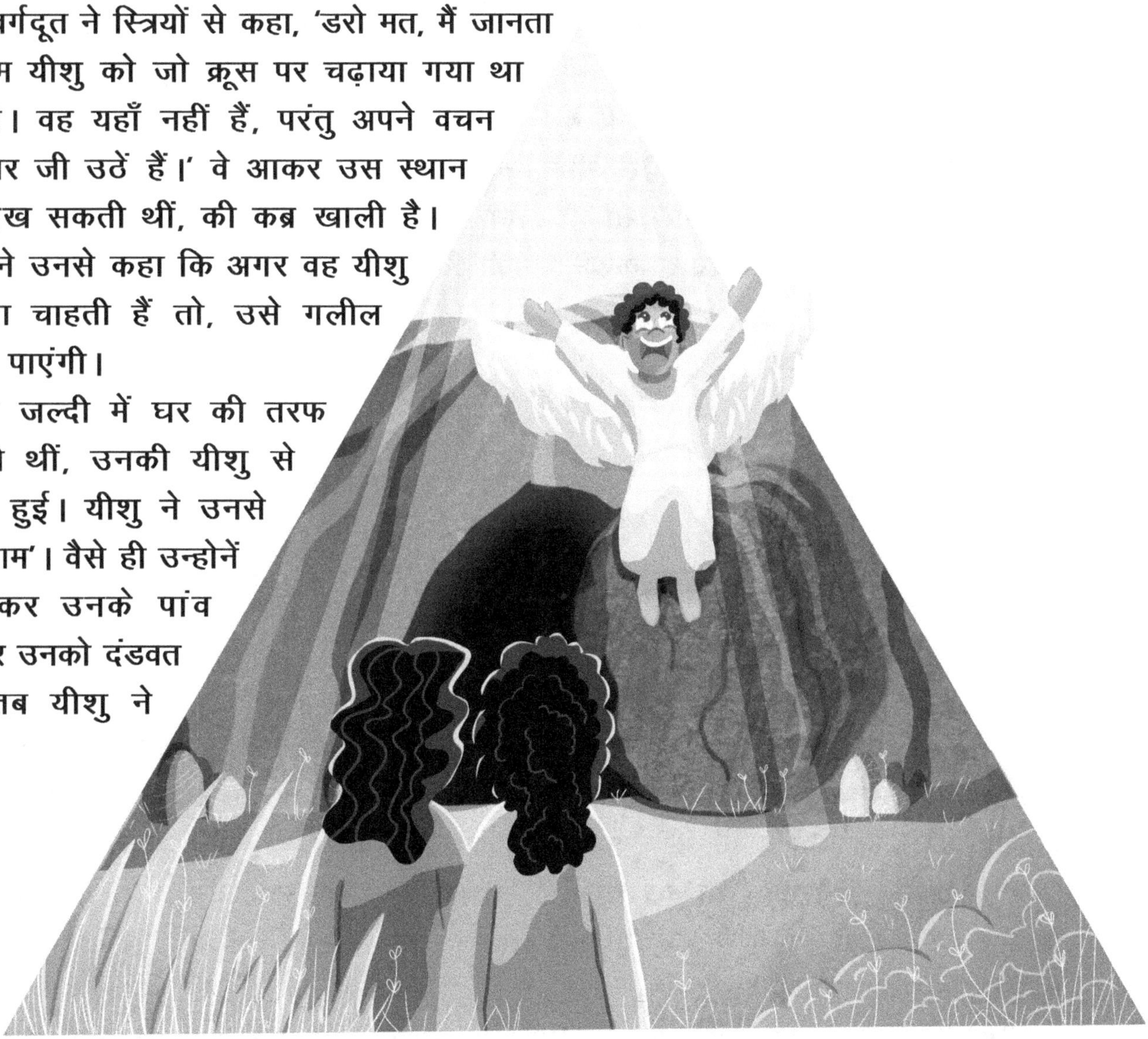

उनसे कहा कि वे डरे नहीं और उनके चेलों को जाकर बताएं, कि वे गलील आकर उनसे मिलें।

फिर गलील में, चेले एक कमरे में बैठे थे जब यीशु उनसे मिलने आये। उन्होंने उनके दर्शन पाकर उनको प्रणाम किया। यीशु ने उनसे पूछा कि क्या उन्हें यह विश्वास नहीं हो पा रहा था कि वो यीशु ही थे, किसी– किसी को सन्देह था। तो यीशु ने उन्हें अपने हाथों और पैरों के घाव दिखाए। वह उन्हें छूकर जान सकते थे कि वो कोई भूत नहीं हैं।

चेले चकित हो गए और आनंद से भर गए। यीशु ने उन्हें याद दिलाया, कि उन्होंने चेलों से कहा था कि ऐसा होगा, और ऐसा परमेश्वर के वचन में भी लिखा है। यीशु ने उनसे उसी नगर में रहने को कहा क्योंकि जल्द ही वह पवित्र आत्मा को भेजने वाले थे, जिसके विषय में यीशु ने उनसे वायदा किया था।

थोमा ही वो चेला रह गया था, जिसने अब तक यीशु को नहीं देखा था और चेलों की बताई बातों पर उसे शक था। थोमा ने कहा कि, जब तक वह यीशु के घाव को अपनी उंगली से ना छू ले, तब तक वो विश्वास नहीं करेगा कि यीशु जी उठे हैं। एक सप्ताह के बाद थोमा बाकी चेलों के साथ था, जब यीशु वहाँ आये। यीशु ने थोमा से कहा, कि वह अपनी उंगली उनके घाव में डाले और शक करना बंद करे।

यह हैरानी की बात थी कि चेले यीशु को देख सके और इस लिए उनमें विश्वास किया क्योंकि यीशु ने जैसा कहा था वैसा ही किया।

क्या तुम भी यीशु में विश्वास करके उनकी विश्वासयोग्यता का अनुभव करना चाहोगे?

41. यीशु तुमसे प्रेम करते हैं

मृत्यु से जी उठने के बाद, यीशु कई बार अपने चेलों को प्रकट हुए। यह उसी समय की बात है जब यीशु उनके साथ नहीं थे, तो एक दिन पतरस ने कुछ चेलों से कहा कि वो मछली पकड़ने लौट रहा है। बाकी भी उसके साथ जाना चाहते थे।

बाहर अंधेरा होने लगा था, पर चेलों ने सोचा कि वे रात को और मछलियाँ पकड़ सकेंगे। वे नाँव पर चढ़कर, पानी में चले गए। वे वहाँ पर लम्बे समय तक रहे, लेकिन सुबह तक भी वे कोई मछली नहीं पकड़ सके।

यीशु झील के किनारे आए, पर चेलों को यह एहसास ही नहीं हुआ, कि वह कौन है। यीशु

ने पुकार कर उनसे पूछा, कि क्या उनके पास कुछ खाने को है। उन्होंने पलट कर जवाब दिया 'नहीं'।

यीशु ने उनको जाल नाँव की दाहिनी तरफ फेंकने के लिए कहा। जैसे ही उन्होंने ऐसा किया उनका जाल मछलियों से इतना भर गया की उसे खींच न सके।

उनमें से एक चेला जिसका नाम पतरस था, उस ने जान लिया कि यह तो यीशु हैं और नाँव से कूदकर, यीशु के पास आया। बाकी चेले नाँव पर ही रहे, और मछलियों को तट पर लाए।

यीशु ने एक छोटी सी आग जलाई थी जिस पर मछली रखी हुई थी और उसके पास में रोटी भी थी। यीशु ने उनसे थोड़ी और मछली लाने को कहा और उनके साथ मिलकर नाश्ता किया। यह तीसरी बार था, कि यीशु अपने जी उठने के बाद चेलों से मिले।

नाश्ते के बाद यीशु ने तीन बार पतरस से पूछा, कि क्या वो उनसे प्रेम करता है। पतरस उदास हुआ और उसने यीशु से कहा, कि वह उनसे सबसे ज्यादा प्रेम करता है। तब यीशु ने उससे कहा, कि वह उनकी भेड़ों को चराए। यीशु का मतलब यह था, कि जो कोई उनमें विश्वास करे पतरस उन्हें संम्भाले।

हमने सीखा है, कि यीशु क्रूस पर मरे क्योंकि वह हम से प्रेम करते हैं, चाहे हमने कितने भी बुरे काम किए हों। अब चाहे कुछ भी हो, हमें यीशु से प्रेम करना है। यहाँ कुछ प्रश्न हैं जिनके बारे में हम सोचें:

क्या इन हालातों में तुम यीशु से प्रेम करोगे और उनके पीछे चलोगे? अगर..........

... तुम्हारे माता या पिता बहुत बीमार हों।

... तुम्हारा कोई दोस्त नहीं।

... तुम अंधे हो जाओ, या चल ना सको।

... अपने सब दोस्तों से अलग होना पड़े।

... तुम गरीब हो और तुम्हारे पास वो चीज़ें नहीं, जो तुम्हारे बाकी दोस्तों के पास हैं।

आज तुम्हारे जैसे बहुत से लोगों की यह समस्याएं हैं, बल्कि इससे ज़्यादा हैं, पर फिर भी वे यीशु से प्रेम करते हैं, और उनके पीछे चलते हैं।

42. यीशु का स्वर्ग में उठा लिया जाना

यह साबित करने के लिए कि यीशु ज़िंदा हैं, और मृत्यु के बाद परमेश्वर ने उन्हें जीवित किया है, चालीस दिनों तक यीशु पृथ्वी पर ही रहे।

उस समय, यीशु ने परमेश्वर के राज्य के बारे में बातें करके, अपने चेलों को सेवा के लिए तैयार किया। यीशु के चेले, आगे चल कर प्रेरित कहलाए, उन्हें पूरी तरह तो यह समझ नहीं आया था कि क्या होने वाला है पर जो आदेश यीशु ने दिया था उन्हें वैसा ही करना था। यीशु अपने प्रेरितों को अकेले नहीं छोड़ते, बल्कि वह उनके पास अपना पवित्र आत्मा भेजने वाले थे। जो उन्हें सामर्थ देता, तब वे यीशु के संदेश को सब लोगों तक पहुँचा सकते थे।

जब ज़ैतून पर्वत पर यीशु अपने चेलों को अंतिम आदेश दे रहे थे, तब उनके पैर ज़मीन से उठने लगे और वे आसमान में ऊपर जाने लगे। जैसे वे आसमान में उठते जा रहे थे, एक बादल ने उन्हें ढांक लिया और फिर चेलों की आँखें उन्हें नहीं देख सकीं।

यीशु ने उनसे यरुशलेम में ही रूक

कर पवित्र आत्मा का इंतज़ार करने को कहा। चेलों ने यीशु की आज्ञा का पालन किया और यरुशलेम चले गए। एक ऊपरी कोठरी में सब इकट्ठा होकर प्रार्थना में लगे रहे। पतरस ने चेलों को समझाया, क्योंकि यहूदा इस्करियोती ने यीशु को धोखा दिया था इसलिये उसकी जगह पर उनको कोई और चेला चुनना होगा। यह कोई ऐसा व्यक्ति होना चाहिए, जो पूरे समय हमारें साथ रहा हो, जब से यीशु ने यूहन्ना से बपतिस्मा लिया तब से लेकर उनका जी उठना और आसमान में उठाया जाना भी देखा हो और इन बातों का गवाह बन जाये। प्रेरितों ने प्रार्थना की और मत्तियाह नाम के व्यक्ति को चुना।

प्ररितों को यीशु की कमी महसूस होने वाली थी क्योंकि वे उनके साथ चलते थे और उनका चेहरा भी देख पाते थे। इस लिए, अब जल्द ही परमेश्वर उनके पास अपना पवित्र आत्मा भेजने वाले थे। ताकि पवित्र आत्मा उनके साथ हमेशा रहे और जहाँ कहीं भी वे जाएं, वो भी उनके साथ जाए। और उन्हें सामर्थ देता, इस महत्वपूर्ण काम को पूरा करने के लिए, कि वे दूसरों के साथ सुसमाचार बांट सकें।

चेलों ने खाली बैठकर इंतज़ार नहीं किया। उन्होंने बुद्धिमानी से प्रार्थना करने में समय बिताया।

क्या तुम भी ऐसा करते हो?

43. पवित्र आत्मा का आना

यहूदियों के फसह के पर्व के दिन ही, यीशु को क्रूस पर चढ़ाया गया था। पचास दिन बाद एक और यहूदी पर्व आता है, जिसे पिन्तेकुस्त कहते हैं। यह वो दिन है, जो परमेश्वर ने अपना पवित्र आत्मा भेजने के लिए चुना।

पवित्र आत्मा हमारा सहायक है और जब हम यीशु मसीह में विश्वास करते हैं तो पवित्र आत्मा हमारा एक हिस्सा बन जाता है। तब यीशु का आत्मा पूरे समय हमारे साथ होता है।

यीशु ने अपने चेलों से मिलकर उन्हें आज्ञा दी, कि वे यरूशलेम को ना छोडें, परमेश्वर के वायदे का पूरा होने का इंतज़ार करें और पवित्र आत्मा से बपतिस्मा पाएं। तभी वे सामर्थ पाकर मसीह के गवाह बन सकेंगे। चेले और बाकी विश्वासी एक साथ एक मन हो कर प्रार्थना में लगे रहे। जब पिन्तेकुस्त का दिन आया तो वे सब एक जगह इकट्ठे थे और अचानक आकाश से एक बड़ी आंधी के समान आवाज़ आई और उससे सारा घर जहाँ पर वे बैठे थे,

गूँज गया। फिर उन्हें आग के समान जीभें फटती हुई दिखाई दीं और उनमें से हर एक पर आ कर ठहरीं। वे सब पवित्र आत्मा से भर गए और जिस प्रकार आत्मा ने उन्हें बोलने की सामर्थ दी, वे अन्य अन्य भाषा बोलने लगे।

वह पर्व का समय था, इसलिए यरुशलेम में अलग–अलग देशों के बहुत से लोग रह रहे थे। और सभी की अलग भाषाएं थीं। जब वह शब्द सुनाई दिया तो भीड़ लग गयी और लोग घबरा गये क्योंकि हर एक को यही सुनाई देता था, कि यह तो मेरी ही भाषा में बोल रहे हैं। लोग चकित हो गये थे क्योंकि वे सब अपनी–अपनी जन्म भूमि कि भाषाएं सुन रहे थे। वो समय बहुत आनंद से भरा था और कुछ लोगों ने यह समझा कि शायद उन चेलों और प्रेरितों ने बहुत ज्यादा शराब पी ली है। पर पतरस ने भीड़ से बात करके उन्हें समझाया, कि अभी तो सुबह के नौ बजे हैं और शराब पीने का समय नहीं है। उसने उन्हें यह भी समझाया, कि इस घटना के बारे में कई साल पहले योएल भविष्यद्धवक्ता ने बताया था, कि ऐसा होगा।

पतरस ने समझाया कि कैसे परमेश्वर ने यीशु को इस संसार में भेजा था लेकिन लोगों ने उनको क्रूस पर चढ़ा दिया। पतरस उस भीड़ को यह कह रहा था, कि इस अपराध के लिए वे ज़िम्मेदार हैं। यह सुनकर उनके हृदय छिद गये, वे बहुत दुखी हुए और पूछने लगे, कि अब वे क्या कर सकते हैं।

पतरस ने उन्हें समझाया कि वे पश्चाताप करें, अपने पापों को मानें और अपने दुष्ट मार्गों से फिरें। और फिर यीशु मसीह में बपतिस्मा लें, तब वे भी पवित्र आत्मा प्राप्त कर सकते हैं।

जब पवित्र आत्मा तुम्हारे पास आएगा तो वो तुम्हें शांति देगा, सिखाएगा, और परमेश्वर के करीब बढ़ने में तुम्हारी मदद करेगा। वो तुमको परमेश्वर की आज्ञा मानने की सामर्थ देगा और जब कुछ गलत करोगे तो, तुम्हें बताएगा।

परमेश्वर से प्रार्थना करो, तुम भी उनके पवित्र आत्मा से भर सकते हो। फिर वो तुम से बातें करेंगे ।

क्या तुम हर एक दिन परमेश्वर कि इच्छा में चलना चाहोगे ?

44. शाऊल का हृदय परिवर्तन

जब यीशु के चेलों ने पवित्र आत्मा पाया तो उसके बाद, वे बहुत साहसी हो गए और यीशु के बारे में औरों को बताने लगे और यह कि उनके द्वारा कैसे चंगाईयाँ होती थीं। बहुत सारे लोगों ने यीशु का सुसमाचार सुना। उन्होंने अपना जीवन यीशु को दिया और मसीह की कलीसिया से जुड़ गए।

जिन यहूदी धर्मगुरुओं ने यीशु को मरवाया था, वे इन बातों से बहुत गुस्सा थे। वे मसीहियों को पकड़ के उनके विश्वास के लिए उन्हें जान से मारने लगे। उन सताने वालों में से एक फरीसी शाऊल था, वो तरसुस का रहने वाला था। बहुत से नए मसीही विश्वासी उससे जान बचाकर दूसरे नगरों को भागने लगे। शाऊल को यह अधिकार दिया गया था कि वो मसीहियों को गिरफ्तार करे और उन्हें मार डाले।

एक दिन शाऊल अपने लोगों के साथ दमिश्क जा रहा था। शाऊल की योजना थी, कि वह वहाँ पर यीशु में विश्वास करने वालों को बहुत कठिन समय दे। पर जब वो रास्ते में ही था, तो एकाएक आकाश से उसके चारों ओर ज्योति चमकी। वो अपने घोड़े पर से नीचे गिर पड़ा और एक आवाज़ सुनी जिसने शाऊल से पूछा, कि 'हे शाऊल, तू मुझे क्यों सताता है'?

शाऊल ने पूछा, 'हे प्रभु, तू कौन है'? उसने कहा, 'मैं यीशु हूँ, जिसे तू सताता है'। शाऊल अचंभित हुआ और काँपते हुए पूछा, प्रभु तू मुझसे क्या कराना चाहता है ? प्रभु ने शाऊल को दमिश्क जाने को कहा। जो लोग उसके साथ थे वे दंग रह गए; क्योंकि वो आवाज़ तो सुन रहे थे, पर बोलने वाला नहीं दिख रहा था। शाऊल अन्धा हो गया था और वह अपने साथियों की सहायता से दमिश्क गया।

उस समय, प्रभु का एक चेला जिसका नाम हनन्याह था और दमिश्क में रहता था, उससे परमेश्वर ने बात की, कि वो जाकर शाऊल से मिले और उस पर हाथ रखे, ताकि उसकी

आँखों की रोशनी लौटे। हनन्याह ने परमेश्वर से कहा, कि वो शाऊल से जाकर मिलने कि बात से परेशान है, क्योंकि वो यह जानता था, कि उसने मसीहियों के साथ क्या–क्या किया है। फिर भी हनन्याह नें परमेश्वर की आज्ञा का पालन किया।

जब हनन्याह शाऊल के पास पहुंचा और उस के ऊपर हाथ रखा और बोला कि प्रभु ने उसे भेजा है की वो फिर दृष्टि पाए और पवित्र आत्मा से भर जाए, तो तुरंत उसकी आँखों से छिलके से गिरे और वह फिर से देखने लगा। उसने यीशु में विश्वास किया और बपतिस्मा लिया। इसके एकदम बाद शाऊल आराधनालय में यीशु का प्रचार करने लगा, कि यीशु ही परमेश्वर के पुत्र हैं, जो इस संसार में आये। बाद में शाऊल ने अपना नाम बदलकर पौलुस रखा।

अब तो यहूदी धर्म गुरु, पौलुस को जान से मारने की कोशिश करने लगे, पर वह उनसे बच निकला। पौलुस फिर यरूशलेम गया, क्योंकि वो यीशु के दूसरे चेलों से मिलना चाहता था। लेकिन पौलुस से वे सब डरते थे। फिर भी बरनबास उसे अपने साथ उनके पास ले गया। फिर पौलुस ने उन्हें बताया, कि उसकी यीशु से मुलाकात कैसे हुई, जब वह दमिश्क के रास्ते में था।

कुछ समय के बाद, यहूदियों ने मसीही लोगों पर सताव रोक दिया और शांति बनी रही। पौलुस को अपनी यह गवाही औरों से बांटने में बहुत अच्छा लगता था, कि उसने यीशु को कैसे पाया।

हर एक मसीही के पास, सुनाने के लिये ऐसी गवाही होती है, कि यीशु ने अपने आपको उन के जीवन में कैसे प्रगट किया।

तुम्हारे जीवन में जब प्रभु काम करें, तो क्या तुम भी अपनी गवाही दूसरों को बताओगे ?

45. पतरस का बंदी गृह से छुटकारा

हेरोदेस राजा ने कलीसिया के कई लोगों को दुख देने के लिए उन्हें सताया। यहाँ तक कि उसने यूहन्ना के भाई याकूब को तलवार से मरवा डाला। जब उसने देखा कि यहूदी लोग इन बातों से खुश होते हैं तो उसने पतरस को गिरफ्तार करके उसे भी बंदी गृह में डाल दिया। फसह के पर्व के तुरंत बाद उसे मार डालने की योजना थी। इसलिए हेरोदेस राजा ने इस बात का बहुत ध्यान रखा कि पतरस को कड़े पहरे में रखे, ताकि वो वहाँ से निकल ना पाए।

लेकिन जो बात हेरोदेस राजा नहीं जानता था वो यह थी कि बहुत सारे मसीही लोग घरों में जमा होकर पतरस के छुटकारे के लिए प्रार्थना कर रहे थे। जब हम प्रार्थना करते हैं, तो परमेश्वर असंभव को भी संभव कर देते हैं।

एक रात पतरस जेल में सो रहा था। उसे दो ज़ंजीरों से बाँध कर, दो सिपाहियों के बीच में बैठाया हुआ था। एक हाथ एक सिपाही से बन्धा था और दूसरा हाथ दूसरे सिपाही से बन्धा था। द्वार पर पहरेदार बंदीगृह की रखवाली कर रहे थे। तब प्रभु का एक स्वर्गदूत वहाँ आ खड़ा हुआ और उस कोठरी में ज्योति चमकी। उसने पतरस को हाथ मार कर जगाया और कहा, 'उठ, जल्दी कर'। जैसे ही पतरस खड़ा हुआ, उसके हाथ से ज़ंजीरें खुलकर गिर पड़ीं। स्वर्गदूत ने उससे कहा, 'कमर बांध कर, अपने जूते और कपड़े पहनकर मेरे पीछे हो ले। पतरस ने उसके कहने के अनुसार किया, जबकि उसे ऐसा लग रहा था कि वह एक दर्शन देख रहा है। पतरस और स्वर्गदूत जेल के सिपाहियों के पास से निकल गए, और एक लोहे के फाटक पर पहुँचे, जो नगर की ओर खुलता था। वह फाटक उनके लिए अपने आप ही खुल गया, वे वहाँ से निकल कर एक गली से होकर गये, इतने में स्वर्गदूत उसे छोड़ कर चला गया।

जब स्वर्गदूत चला गया तो पतरस ने जाना कि वह दर्शन नहीं देख रहा था। प्रभु ने अपना स्वर्गदूत भेज कर उसे हेरोदेस राजा के हाथ से छुड़ा लिया और यहूदियों की सारी आशा तोड़ दी, जो उसे मार डालना चाहते थे। यह सोचते हुए वे उस यूहन्ना की माता मरियम के घर आया जो मर्कुस कहलाता था। वहाँ बहुत से लोग इकट्ठा होकर पतरस के लिए प्रार्थना कर रहे थे। उसने फाटक की खिड़की खट खटाई तो रुदे नाम की एक दासी सुनने को आई और पतरस की आवाज़ पहचान कर, उसने आनंद के मारे फाटक न खोला, तुरंत दौड़कर भीतर गई और बताया कि पतरस द्वार पर खड़ा है। रुदे यह खुशखबरी सुनाने गई पर उन्होंने उसका विश्वास नहीं किया। परंतु पतरस खटखटाता ही रहा, अंत में उन्होंने खिड़की खोली और उसे देखकर चकित रह गए।

अगले दिन, हेरोदेस राजा को पता चला कि, पतरस जेल में से बच निकला है। उसे बहुत

गुस्सा आया और अपने सैनिकों को आदेश दिया, कि पतरस को ढूँढें। जब वे पतरस को नहीं ढूंढ सके तो, हेरोदेस ने उन सिपाहियों को, जो पहरा दे रहे थे, जान से मरवा डाला।

क्या तुम्हारी कोई ऐसी समस्या है जिसका कोई हल नहीं है? तो परमेश्वर के पास जाओ और इस विश्वास से प्रार्थना करो, कि प्रभु ज़रूर उत्तर देंगें। परमेश्वर सारी बुद्धि और सारे सामर्थ के परमेश्वर हैं। केवल वही परमेश्वर हैं जो तुम को बचा सकते हैं।

46. पौलुस और सीलास जेल में

पौलुस प्रचार करने के लिए कई यात्राओं पर गया, ताकि और देशों के लोगों को यीशु मसीह के बारे में बता सके। अपनी पहली यात्रा में वो बरनबास और यूहन्ना मरकुस को साथ लेकर गया। उन्होंने कई नगरों के लोगों को यीशु के बारे में बताया और बहुत से लोगों ने यीशु में विश्वास किया। उन्होंने बहुत सताव भी सहा। एक बार तो लोगों ने पौलुस को मारने के लिए उस पर पथराव भी किया और मरा हुआ सोच कर उसे छोड़ गए। पर मसीही लोगों ने पौलुस के लिए प्रार्थना की और वो जीवित रहा।

पौलुस की दूसरी प्रचार यात्रा पर, वो सीलास नाम के चेले को अपने साथ ले गया। जब वो दिरबे और लुस्त्रा शहरों में पहुँचे, तो वे एक जवान विश्वासी, जिसका नाम तीमुथियुस था, उसे मिले। पौलुस ने तीमुथियुस को भी अपनी यात्रा में शामिल कर लिया।

जब वे फिलिप्पी नगर में आए, तो और बहुत से लोगों ने पौलुस का प्रचार सुन के मसीह के पीछे चलने का निर्णय लिया। पर कुछ लोग उससे बहुत नाराज़ हो गए। उन्होंने सिलास और पौलुस के कपड़े फाड़ कर उतार डाले, उन्हें बेंतों से मारा और जेल में डाल दिया। दरोगा ने उन्हें भीतर की कोठरी में रखा और उनके पांव काठ में ठोंक दिए। यह आसान नहीं था क्योंकि वो सो भी नहीं सकते थे और उनकी पीठ से लहू बह रहा था। आधी रात को पौलुस और सिलास जागे हुए, प्रार्थना करते, परमेश्वर के भजन गा रहे थे और कैदी उनकी सुन रहे थे। वो दुखी और उदास नहीं हुए, क्योंकि उनको पता था कि वे परमेश्वर की सेवा कर रहे हैं।

इतने में, अचानक एक बड़ा भूकम्प हुआ, यहाँ तक कि जेल की नींव भी हिल गई। जेल के सारे दरवाज़ों के साथ-साथ सब के बन्धन भी खुल गए। दरोगा जाग उठा और उसने जेल के द्वार खुले देख कर समझा कि कैदी भाग गए हैं, तो उसने अपने आप को मार डालने की

सोची। उसने अपनी तलवार खींच कर अपने आपको जैसे ही मारना चाहा, उतने में पौलुस ने ऊँचे शब्द से पुकार कर कहा, 'अपने आप को कुछ हानि ना पहुँचा, क्योंकि हम सब यहीं हैं'।

तब उसने दीया मंगवा कर यह देखना चाहा कि, यह बात सही है या नहीं। भीतर आकर, वह कांपते हुए पौलुस और सिलास के आगे गिरा और उन्हें बाहर लाकर उनसे विनती करके पूछा, कि उद्धार पाने के लिए उसे क्या करना होगा। पौलुस ने आसान सा उत्तर दिया कि 'उसे केवल प्रभु यीशु मसीह पर विश्वास करना होगा, तो वह और उसका घराना उद्धार पाएगा'। जैसे पौलुस ने उसको और उसके सारे घर के लोगों को प्रभु का वचन सुनाया, उन सब ने विश्वास किया और उस दरोगा ने उसी घड़ी उनके घाव धोए। पौलुस ने उसी रात उन सबको बपतिस्मा दिया। दरोगा ने अपने घर ले जाकर उनके आगे भोजन रखा और सारे घराने सहित, परमेश्वर पर विश्वास करके, आनंद किया।

अगले दिन सुबह हाकिमों ने सिपाहियों के हाथ कहला भेजा कि उन लोगों को छोड़ दें। इस तरह पौलुस और सिलास आज़ाद हुए और फिर अपने मार्ग में आगे बढ़कर यीशु के सुसमाचार को सुनाते गए।

क्या कभी तुम्हारे जीवन में ऐसा समय आया, जब ऐसा लगता है कि सब कुछ गलत हो रहा है, और कोई आशा न बची हो?

इस कहानी के अनुसार जब ऐसा होता है, तो परमेश्वर तुमसे क्या चाहते हैं?

47. पौलुस पर मुकदमा

प्रेरित पौलुस ने कई देशों की यात्रा की और सब जगह लोगों को यीशु के अनोखे सुसमाचार के बारे में बताया। उसने कई कलीसियाएं बनाई और बाद में उन्हें विश्वास में बढ़ने के लिए और उनकी सहायता के लिए उन्हें पत्र लिखे। सब जगह, जहाँ पौलुस गया, वहाँ लोग उससे घृणा करते और उसे मारने की कोशिश करते थे।

पौलुस अपना काम करता हुआ, यरुशलेम की ओर लौट रहा था। रास्ते में, जितने भी नगरों में वह रुकते हुआ आया, मसीहियों ने उसे सावधान किया कि, वह यरूशलेम को ना लौटे। परमेश्वर ने इन लोगों को दर्शा दिया था कि वह पकड़ा जाएगा, क्योंकि एक बड़ा सताव उसका इंतजार कर रहा था। इस बात ने पौलुस को नहीं रोका। वो तो यीशु के लिए कुछ भी सहने के लिए तैयार था।

जब पौलुस यरुशलेम पहुँचा, याकूब जो यीशु का भाई था, उसने उसे मंदिर जाने को कहा। वो चाहता था कि पौलुस कुछ विधियों को पूरा करे, यह साबित करने के लिए कि उसने यहूदी व्यवस्था नहीं त्यागी है। पर मंदिर में लोगों ने पौलुस को पहचान लिया और भीड़ पौलुस को मारने लगी और रोमी सैनिकों ने उसे गिरफ्तार कर लिया। उसके मुकदमे

में, यहूदी धर्म गुरुओं ने बहुत से गलत काम करने के दोष पौलुस पर लगाये, जो वे साबित भी नहीं कर सके। पौलुस ने अपने बचाव में बस यह बताया कि किस तरह यीशु ने उसे अपनी सेवा के लिए बुलाया था।

अब तो, यहूदियों ने पौलुस की जान लेने की योजना बनाई। रोमियों को इस योजना के बारे में पता चल गया, तो उन्होंने उसे कैसरिया नाम के नगर में, एक और पेशी के लिए भेज दिया। उन दिनों वहाँ पर फेलिक्स नाम के रोमी का शासन था। वो जानता था कि पौलुस का कोई दोष नहीं था। लेकिन यहूदियों को खुश रखने के लिए फेलिक्स ने कई सालों तक उसको जेल में रखा।

कुछ सालों के बाद वहाँ एक नया शासक फेस्तुस उठा। यहूदियों ने उससे कहा, कि वह पौलुस पर फिर से मुकदमा चलाए। एक बार फिर पौलुस ने अपना बचाव सुसमाचार से किया। पर अपनी जान बचाने के लिए, पौलुस ने अपने रोम के निवासी होने के अधिकार को इस्तेमाल किया, और सम्राट कैसर के सामने मुकदमे का फैसला होने की मांग की। पौलुस के साथ कुछ और कैदियों को सिपाहियों के साथ रोम जाने वाले पानी के जहाज़ पर चढ़ा दिया गया।

विश्वास के जीवन में कई कठिनाइयाँ आती हैं। यीशु हमें सहने की ताकत देते हैं। तुम ऐसे हालातों का सामना कैसे करोगे ?

48. पानी के जहाज़ का टूटना

पौलुस ने अपने मुकदमे के लिए यह मांगा था कि कैसर जो रोमी सम्राट था, वह उसका न्याय करके बताएं, कि क्या वह दोषी है? जैसे उसका जहाज़ सागर में से होकर जा रहा था, मौसम बिगड़ने लगा। सर्दी का मौसम आने वाला था, और अक्सर उन दिनों में, जहाज़ों को तेज़ आँधियों का सामना करना पड़ता था। कई जहाज़ पानी में डूब भी जाते थे।

पौलुस ने पानी के जहाज़ के कप्तान और जहाज़ के स्वामी को चेतावनी दी कि इस यात्रा का अंत तबाही में होगा। पर उन्होंने उसकी बात नहीं मानी। कुछ दिनों के बाद एक बहुत भयानक तूफान आया। जहाज़ को डूबने से बचाने के लिए, जहाज़ में काम करने वालों को मुश्किलों का सामना करना पड़ा। चौदह दिनों तक यह छोटा जहाज़ पानी पर यहाँ–वहाँ तेज़ हवाओं के कारण बहता रहा।

जब जहाज़ पर सब ने आशा छोड़ दी, कि वे इस तूफान में से बच के निकल पाएंगे, तब पौलुस उठ खड़ा हुआ और उसने सब से बात की। उसने बताया, कि एक स्वर्गदूत उसके पास, यह बताने आया था, कि वह जहाज़ डूबेगा, पर पौलुस के कारण सब लोग बच कर किनारे आ जाएंगे।

और सच में जैसे ही जहाज़, माल्टा नाम के टापू के किनारे पहुँचने लगा, वो पानी के नीचे कुछ चट्टानों में फँस गया। तेज़ हवाओं ने जहाज़ को तोड़ दिया, और सब को लकड़ी के पटरे मिले और वे उन्हें पकड़कर पानी में कूद गए। सिपाही कैदियों को मारना चाहते थे ताकि वे बच न सकें, पर सूबेदार ने उन्हें ऐसा नहीं करने दिया क्योंकि वो पौलुस को बचाना चाहता था। और वे सब सुरक्षित किनारे पर आ गए।

एक बार जब वे सब टापू पर पहुँच गए तो, इकट्ठा होकर उन्होंने अपने को गर्म करने के लिए आग तैयार की। पौलुस ने हाथ भर कर लकड़ी इकट्ठा की, उस लकड़ी के गट्ठे में एक ज़हरीला साँप निकला, और उसके हाथ पर लिपट गया। उस टापू पर रहने वाले लोग यह देख रहे थे। उन्हें यह विश्वास हो गया कि पौलुस खूनी है और अब परमेश्वर उसे जीवित नहीं रहने देंगे। लेकिन पौलुस ने साँप को उठाकर फेंका और उसकी तबियत भी खराब नहीं हुई।

तो लोगों ने सोचा कि वह तो कोई देवता है।

माल्टा का एक प्रधान था। पौलुस उससे मिलने गया और उसके बीमार पिता को चंगा किया। तब माल्टा के सब लोग पौलुस के पास, अपनी बिमारियों से चंगा होने के लिए आए। तीन महीनों के बाद, जब मौसम बेहतर हुआ, तो पौलुस और बाकी लोगों ने एक और जहाज़ ढूँढा और उसमें बैठकर रोम चले गए। पौलुस रोम सुरक्षित पहुँचा और दो साल तक अपने मुकदमे के लिए उसे इंतज़ार करना पड़ा। पर उस समय को उसने बुद्धिमानी से इस्तेमाल किया। परमेश्वर के राज्य के विषय में सब के बीच प्रचार किया। बाद में, पौलुस कई और देशों में यात्रा करके, यीशु मसीह के सुसमाचार को सुनाता रहा।

क्या परमेश्वर ने तुम्हें एक आसान जीवन जीने के लिए बुलाया है ? यीशु के पीछे चलते हुए हमें हर दाम चुकाने के लिए तैयार रहना है। अंत में एक मुकुट है जो परमेश्वर ने हमारे लिए रखा है।

49. आत्मा का फल

बाईबिल बढ़ते हुए 'फल' के बारे में बताती है। यह सेब या केले के जैसा फल नहीं है। बाईबिल 'आत्मा का फल' के बारे में बात करती है। जैसे हर फल दूसरे फल से फर्क है और खाने में भी उसका स्वाद अलग है उसी तरह 'आत्मा का फल' की भी अलग-अलग खास बातें हैं, जो सब को मिलाकर इस फल को विशेष बनाती हैं।

जब हम यीशु से प्रार्थना करते हैं कि वे हममें रहें तो उनका आत्मा हममें आ जाता है। यीशु का आत्मा हमारी सहायता करता है, कि उनके 'आत्मा के फल' से हम फलवंत हों। हम इस फल को अपने आप बढ़ाने की कोशिश कर सकते हैं, पर हमें पवित्र आत्मा की सहायता की ज़रूरत होगी।

'आत्मा का फल' प्रेम, आनंद, शांति, धीरज, दया, भलाई, विश्वास, नम्रता, और संयम हैं। ये सारे हमारे जीवन में नज़र आने चाहिए।

प्रेमः   'आत्मा का फल' में आसानी से समझने वाला है 'प्रेम'। किसी ऐसे व्यक्ति के बारे में सोचो, जो तुम्हारी फिक्र करता या ध्यान रखता हो, चाहे तुम जो कुछ करो या फिर कैसे भी दिखो। परमेश्वर भी हमसे ऐसे ही प्रेम करतें हैं। परमेश्वर हमारी सहायता करतें हैं, कि हम भी लोगों से वैसे ही प्रेम करें, जैसे वे हमसे करते हैं। क्योंकि परमेश्वर प्रेम हैं।

आनंदः   आनंद वो है जिसके अंदर बहुत खुशी हो। जब चीज़ें गलत भी हो रही हों, यह आनंद बना रहता है। केवल परमेश्वर ही हमें यह आनंद हमारे अंदर, दे सकते हैं।

शांतिः   इससे पहले कि हम यीशु को जानते, हम पाप के कारण परमेश्वर से दूर थे। पर जब यीशु हमारे हृदय में आए, तब हम परमेश्वर के साथ शांति और मेल में हो गए। अब हमारी आत्मा और परमेश्वर के आत्मा का एक ही उद्देश्य है, कि हमारा स्वभाव भी परमेश्वर के स्वभाव सा बन जाये। इस तरह परमेश्वर की शांति, पवित्र आत्मा के द्वारा हमारे आत्मा, मन और शरीर में बनी रहती है।

धीरजः धीरज वह है, जब हम आसानी से इंतज़ार कर सकते हैं। एक मसीही धीरजवंत हो सकता है जब वो अपनी प्रार्थना के उत्तर के लिए वर्षों इंतज़ार करे।

दयाः हम सब जानते हैं, कि दया क्या होती है, पर दया करना हमारे लिए हमेशा आसान नहीं होता। क्या यह आसान है, कि हम किसी ऐसे पर दया दिखाएं जो हमारे साथ गलत करता हो या फिर सड़क का कोई भिखारी हो? जब परमेश्वर हमें यह खूबी देते हैं, वो हमारी सहायता करते हैं कि हम मुश्किल हालातों में भी, दया कर सकें।

भलाईः भलाई का मतलब है, कि परमेश्वर हम पर भरोसा कर सकें कि हम 'ईमानदार' रहें, और परीक्षाओं में भी जयवंत रहें। परीक्षाओं को 'ना' कह सकें, जब कोई और हमारे साथ भलाई करता है, तो हमें पता चल जाता है। उसी तरह परमेश्वर हमसे यह चाहते हैं, कि हम भी हर समय दूसरों के साथ भलाई करें, चाहे वो हमारे साथ बुरा ही क्यों न कर रहे हों।

विश्वासः विश्वास का मतलब है, 'विश्वासयोग्य' होना। अपने वायदों को पूरा करना। जो कुछ तुमने कहा है वैसा ही करना। दूसरे के प्रति विश्वासयोग्य रहना। उदाहरण के लिए, विश्वासयोग्य माता-पिता अपने बच्चों के लिए रोज़ प्रार्थना करते हैं।

नम्रताः नम्रता का मतलब है, 'दूसरों के साथ आदर और ध्यान से पेश आना'। कई बार हम कठोरता से दूसरों से बोलते हैं; बिना उनकी भावनाओं का ध्यान करे। परमेश्वर की सहायता से हम नम्र हो सकते हैं, जैसे यीशु जो एक मेमने के समान अपने सताव में भी शान्त रहे।

संयमः संयम का मतलब है, कि 'हम अपनी भावनाओं को अपने वश में रख सकते हैं'। ताकि सही तरह से काम कर सकें, जबकि हम गलत तरीके से भी काम कर सकते हैं। क्योंकि परमेश्वर हमारी सहायता करते हैं इसलिये जो कुछ हम गलत भी करना चाहते हैं, हम वैसा नहीं करते।

इस तरह 'आत्मा का फल' हममें पवित्र आत्मा की सहायता से बढ़ते रहना चाहिये।

तुम कुछ करना चाहते हो, लेकिन यह भी जानते हो कि वो काम गलत है। तो तुम ऐसे में क्या करोगे?

50. परमेश्वर के हथियार

कई सालों पहले, सैनिक जो कवच पहना करते थे उनमें शत्रु से बचने के लिये छाती और पीठ पर झिलम, कमर पर बैल्ट जिसमें हथियार बंधे होते थे, पैरों में जूते, सिर पर टोप, एक हाथ में तलवार और दूसरे हाथ में ढाल होती थी। आज के समय में कवच और हथियार बदल चुके हैं। लेकिन, यहाँ पर हम उस कवच की नहीं, परन्तु आत्मिक कवच की बात कर रहे हैं। यह परमेश्वर के वो हथियार हैं, जो हम को परमेश्वर ने इसलिये दिये हैं कि, हम उन को पहन कर अपने शत्रु शैतान से खुद को बचा सकें, और जय में खड़े रहें।

तुम कवच कैसे पहन सकते हो ? यह कवच सिर्फ यीशु में विश्वास करने से और उनके वचन पर विश्वास करके, उसे बोलने से काम करता है। यह कवच हमें शैतान और उस के आक्रमणों व परीक्षाओं से बचाता है। तब हम पाप के विरुद्ध खड़े रह सकते हैं और जो सही है वो कर सकते हैं। परमेश्वर के दिए हुए कवच के हथियार यह हैं : 'सत्य से कमर कसना', 'धार्मिकता की झिलम', 'पांव में मेल के सुसमाचार की तैयारी के जूते पहनना', 'विश्वास की ढाल', 'उद्धार का टोप', 'आत्मा की तलवार' और 'प्रार्थना'।

'सत्य से कमर कसने' का मतलब है कि जो भी हो, हम हमेशा सच बोलें और दूसरे लोगों को भी परमेश्वर और उनके पुत्र, यीशु मसीह का सत्य बताएं। हम सत्य से कमर तब कसते हैं जब हम अपने मुंह से कहे हुए झूठ को मानें। यीशु को पहन ले, क्योंकि मार्ग, सत्य और जीवन तो यीशु ही हैं और उनका सुसमाचार बताएं।

'धार्मिकता की झिलम' हमारे हृदय को बचाती है, जब हम वचन को पढ़कर और प्रार्थना करके यीशु को अपने हृदय में जीवित रखते हैं। जब हमने अपने पापों की क्षमा माँगी तो हमारे पाप परमेश्वर ने यीशु के लहू से धो दिए, अब हम बिना दोष या हीन भावना के परमेश्वर के सामने खड़े रह सकते हैं। इस बात को याद रखकर और पाप न करके हम अपने स्तर को परमेश्वर में बनाकर रखते हैं, क्योंकि अब हम परमेश्वर की संतान बन चुके हैं।

'पांव में मेल के सुसमाचार की तैयारी के जूते पहनने' का मतलब यह है, कि हम लोगों को यह बताएं, कि हम यीशु में विश्वास करने के द्वारा, अपने पापों की क्षमा पा सकते हैं। और हम जो पापों के कारण एक समय में परमेश्वर से दूर थे, वो अब यीशु के बलिदान में विश्वास करके, परमेश्वर की संतान बन, पिता परमेश्वर से मेल कर सकते हैं। फिर वचन और प्रार्थना में बने रहने से हमारे पाँव सुरक्षित और स्थिर रहते हैं। प्रभु हमें जहाँ कहीं भी ले जाएं, हम हर समय उनकी गवाही देने और सेवा करने के लिए तैयार रहते हैं।

'विश्वास की ढाल' हमें शैतान के सारे तीरों से बचाकर रखती है। यह तीरः परीक्षाएं, भय, और शक हैं। इस ढाल को उठाने के लिए हमें यीशु के साथ बहुत नज़दीक संगति में चलना होगा, क्योंकि वही हमारी ढाल हैं। जब हम विश्वास की ढाल लेकर स्थिर रहेंगे और

अविश्वास या भय में नहीं गिरेंगे, तो उससे हम उस दुष्ट शैतान के सब जलते हुए तीरों को बुझा सकेंगे।

'उद्धार का टोप' इस बात को दर्शाता है, कि अब हम उद्धार पाकर परमेश्वर की संतान है। हमें परमेश्वर के वचन को याद करके यह सीखना है कि अपने अधिकारों को, शैतान, बिमारियों और परिस्थितियों पर कैसे लें और उनके अनुसार अपने जीवन में जय में कैसे चलें। वचन में दिए वायदों पर विश्वास करने से और उनको याद करके परिस्थिति के अनुसार बोलने से हम में जय, शांति और आशा बनी रहती है।

'आत्मा की तलवार' परमेश्वर का वचन है। यह हमारे अंदर काम करता है। जैसे तलवारें काटती हैं, उसी तरह जब हम परमेश्वर का वचन सुनते हैं तो वह हमारे ह्रदय की हर बुराई को काटता है, अगर हम वाकई ध्यान से सुन रहे हों तो जैसे हम परमेश्वर का वचन दूसरों को बताते हैं, वह उनके ह्रदय की बुराई को भी काटता है। परमेश्वर का वचन जीवित है, और वह सब लोगों के ह्रदय को बदलता है। इसलिए हमें अपने जीवन के लिए परमेश्वर का वचन ले लेना ज़रुरी है।

'प्रार्थना' वह हथियार है, जो हमारे पूरे कवच को एक साथ थामें रहती है। परमेश्वर कुछ भी कर सकते हैं, और वे ऐसा तब करते हैं, जब हम उन से विश्वास से प्रार्थनाएं करते हैं। परमेश्वर के हथियारों को रोज़ सुबह प्रार्थना करके बांधना चाहिये।

जब हम प्रार्थना करते हैं, तब हम हमेशा अपनी इच्छा के अनुसार चीजें नहीं माँगते हैं। परमेश्वर चाहते हैं कि हम ऐसी प्रार्थनाएं करें, जिससे दूसरे परमेश्वर में विश्वास करें। लोग चंगे हों और लोगों की बहुत तरीकों से मदद हो। परमेश्वर सारे संसार से प्रेम करते हैं और यह चाहते हैं कि हमारे द्वारा लोगों को भी आशीषें मिलें।

क्या तुम कुछ ऐसे तरीके बता सकते हो, जिससे तुम अपने पड़ोसी के लिए आशीष का कारण बन सको?

www.ingramcontent.com/pod-product-compliance
Lightning Source LLC
Chambersburg PA
CBHW081429070526
44586CB00020B/2535
* 9 7 8 1 6 2 2 4 5 6 4 3 7 *